你不可不知的

西方画家及其作品

印象派的光与影

王月亮◎著

中国法制出版社
CHINA LEGAL PUBLISHING HOUSE

序

Preface

1601年，意大利传教士利玛窦来到北京，把欧洲油画带到了中国。利玛窦在呈送明神宗皇帝的表文中说："谨以天主像一幅，天主母像二幅，天主经一本，珍珠镶嵌十字架一座……奉献于御前。物虽不腆，然从极西贡来，差足异耳。"

利玛窦可视为将西画传入中国的第一人。此后，包括油画在内的各类西方绘画通过西洋舶来品，渐渐由宫廷传入富人阶层和民间作坊，对中国雕塑、刺绣、彩绘、泥金、漆艺、镶嵌等艺术领域均产生了影响。

在绘画方面，中国自19世纪起，学西画者渐众。

清同治年间，上海天主教会创办了土山湾画馆，成为"中国西洋画之摇篮"。

辛亥革命前后，在维新派"欲开民智，非讲西学不可"的观念影响下，许多画家不远万里奔赴日本、西欧和美国学习西洋绘画，李铁夫、李叔同、吴法鼎、徐悲鸿等都是其中的佼佼者。

现在，西方绘画，尤其是油画，于国人已是司空见惯，除在各地美术馆、博物馆、艺术区中展出，很多作品还被广泛印在各类装饰画、宣传页、广告、书籍、T恤上。各种油画、素描培训机构则为人们进一步了解并学习西方绘画提供了便利。但凡对美术略知一二的人，都知道凡·高和他的“向日葵”，也知道达·芬奇和他的“蒙娜丽莎”，毕加索和他画作中那些抽象的人物形象；而对西方美术史有些了解的人，大概还会知晓蛋彩画、湿壁画、印象派、立体主义、抽象主义、波普艺术等是怎么回事。

然而，达·芬奇为什么要画蒙娜丽莎？

凡·高是荷兰最伟大的画家吗？

印象派除了凡·高还有哪些绘画大师？

抽象主义从何而来？

毕加索究竟属于什么画派？

为什么卡拉瓦乔的画“一片漆黑”，而提香的画一片“金黄”？

西方绘画为什么从写实走向了抽象？

肖像画是什么时候出现的？……

在追溯这些问题时，我们会发现，在凡·高、达·芬奇、毕加索这些绘画巨匠的背后，是西方绘画恢弘的历史。

历史的车轮时而缓慢前行，时而极速奔驰。发生在14—16世纪的欧洲文艺复兴，对西方绘画而言就是一场燎原之火——正是它，将西方绘画从中世纪的沉闷呆板中解放出来，赋予了绘画生动的情感与鲜活的色彩。在文艺复兴之前，西方的画家多寂寂无名；而自文艺复兴的先驱者之一乔托始，西方绘画艺术大师迭出，各领风骚。

数百年来，西方绘画从幼稚、生硬渐渐走向成熟，不断创新；绘画艺术的中心也由意大利的佛罗伦萨转到法国的巴黎，再转到美国纽约，几经变迁。其间，涌现出大量在艺术史上熠熠闪光的天才，如乔托、马萨乔、保罗·乌切洛、波提切利、弗朗切斯卡、达·芬奇、米开朗琪罗、拉斐尔、荷尔拜因、提香、卡拉瓦乔、伦勃朗、德拉克洛瓦、马奈、德加、凡·高、高更、门采尔、蒙克、鲁奥、杜尚、波洛克……这些天才画家，都是引领西方绘画不断创新的变革者，用他们的天赋与勤奋定义了新的美，开辟出新的绘画领域和新的艺术手法。而围绕着这些天才人物及他们的创作风格、主要创作地等，佛罗伦萨画派、威尼斯画派、洛可可艺术、巴洛克艺术、卡拉瓦乔主义、巴比松画派、印象主义、至上主义、抽象主义、达达主义、超现实主义等流派应运而生。

伟大画家的出现并非偶然，影响一个时代的画派和传世名画的诞生，也往往有着深刻的历史背景。

绘画是一门视觉艺术，欣赏一幅绘画作品具有很大的主观性，但如果我们能了解整个西方绘画发展的大体脉络，能了解画家生活的时代背景，并了解画家的生平故事，无疑可以帮助我们更好地理解一幅画的内涵。比如，了解这些之后，我们就能明白：

“蒙娜丽莎”为什么会风靡全球?

米开朗琪罗究竟伟大在哪里?

印象主义、抽象主义、达达主义等现代画派由何而来?

为什么凡·高能画出如此炫目的向日葵?

为什么高更会与塔希提结缘?

那些看起来仅有几条线、几片颜色的画作为什么能够被称为艺术? ……

《你不可不知的西方画家及其作品》正是为这些问题而创作的，旨在为非艺术专业的读者以及艺术专业初入门者梳理出西方绘画的发展脉络，让读者对西方画家、西方绘画名作及整个西方绘画史有一个大致的了解。

本套书是笔者在查阅了大量西方美术史和画家传记的基础上撰写而成的，按时间顺序，共分为四个部分。

第一部分主要介绍了13世纪至15世纪文艺复兴早期的杰出画家及其重要作品。这一时期，意大利是整个西方的艺术中心，先后形成了佛罗伦萨、罗马、威尼斯等艺术圣地。尤其是作为欧洲文艺复兴运动发祥地的佛罗伦萨，更是人才辈出，堪称绘画大师的摇篮，被誉为文艺复兴“画坛三杰”的达·芬奇、米开朗琪罗和拉斐尔均诞生于此地。与此同时，位于欧洲西北部的尼德兰低地也正在形成自己的艺术，出现了康平、韦登、博斯、老彼得·勃鲁盖尔等绘画巨匠。

第二部分主要介绍了西方16世纪至19世纪上半叶的杰出画家及其代表性作品。这一时期，在前辈大师的基础上，西方的杰出艺术家们发展出了样式主义、巴洛克艺术、洛可可艺术、卡拉瓦乔主义、浪漫主义、新古典主义、现实主义等不同风格的艺术。意大利仍是艺术家的朝圣之地，但已失去其艺术中心的地位。

第三部分主要介绍了19世纪下半叶至20世纪初期的杰出画家及其代表性作品。这一时期，法国巴黎已然成为新的世界艺术中心，名声大噪的“印象派”就诞生于此。马奈、莫奈、毕沙罗、德加、塞尚、高更、凡·高、雷诺阿、修拉、卡萨特……这些如雷贯耳的画坛大师皆与印象派有关。与此同时，象征主义、超现实主义、表现主义等全新的艺术风格也正悄然兴起。

第四部分主要介绍了西方自20世纪以来的主要现当代艺术家及其重要作品。这一时期，艺术流派纷呈，大师辈出，涌现出了立体主义、抽象主义、抽象表现主义、达达主义、至上主义、未来主义等艺术风格与流派。世界艺术中心渐渐从法国转向美国。

有别于艺术理论类书籍和专业的艺术史教材，本套书采取的是“纪传体”写作，即通过讲述画家们的独特的人生经历和创作的故事等，力求生动地呈现出他们及与其相关的画派在当时的影响和艺术史的变革中的作用等。毕竟，历史归根结底是人的历史，漫长的西方绘画史，也是由一个又一个的画家及他们的故事连缀而成的；而画家们的杰出作品，则像满天星辰，在浩瀚的艺术之空闪耀。

目录

Contents

献身艺术的贵族小姐——卡萨特

俄罗斯风景画的终结者——列维坦

被追踪的堕落艺术家——蒙克

一生追求情爱的蒙帕纳斯王子——莫迪利亚尼

叛逆的印象派鼻祖
——马奈

画家：爱德华·马奈（Edouard Manet，1832—1883）

国籍：法国

代表作：《福利斯·贝热尔酒吧》

类型：油画

艺术风格：印象主义

《草地上的午餐》

在欧洲艺术史上有这么一个人，他大胆、叛逆、特立独行，追求独立自由，一生坚持按照自己认为对的方式作画，对别人的批评和评价不以为意。他在绘画色彩处理方面大胆创新，对莫奈和稍晚些的塞尚、高更等画家影响深远，被视为印象派的鼻祖，可他却坚称自己从来不想违背传统。这个人就是马奈。

1832 年，马奈出生于法国巴黎一个条件优渥的家庭，父亲是司法部的官员，希望他能学习法律步入仕途或成为一名海军军官。马奈选择了后者，16 岁那年，他以一名见习水手的身份随船远航至巴西的里约热内卢，准备将自己的一生献给航海事业，但他却在报考航海学校时落选了，只得返回了巴黎。

回到巴黎后，马奈做出了新的选择——他想当一名画家，于是进入古典主义画家托马斯·库图尔的画室学习绘画，这一年他 18 岁。马奈受过良好的教育，他热情奔放、自恃清高、不受拘束，他很清楚自己喜欢什么和不喜欢什么，在库图尔处学习的时候常常因观念不合而冲撞老师。

马奈是叛逆的，但并不鲁莽。他虽然不满于学院派那些老套而传统的绘画题材，却将欧洲绘画长久积累下来的种种技巧奉为至宝。他在库图尔门下当了 6 年学徒，其间大量临摹提香、戈雅、哈尔斯、拉斐尔等古代绘画大师的作品，打下了扎实的造型功底。

马奈《草地上的午餐》

1856年，马奈离开了库图尔的画室。随后，他到欧洲各国旅行，在荷兰、意大利、德国等地都留下了他的足迹。7年后，他创作出那幅惊世骇俗的作品——《草地上的午餐》。

说起《草地上的午餐》，人们很容易联想到艺术史上的另一幅名作——《田园合奏》。这幅画创作于16世纪初，出自意大利威尼斯画派画家乔尔乔内之手（也有人认为是出自提香之手）。乔尔乔内在《田园合奏》中描绘了这样一幅画面：宁静幽雅的郊外有两名正在弹唱的行吟诗人和两位丰腴的女神，其中一位女神正拿着晶莹剔透的玻璃瓶在一口方井边汲水，另一位则正在演奏竖笛。这幅画充满了浪漫气息，得到了后世赞誉。

可以说，《草地上的午餐》是对《田园合奏》中刻画的田园风光的另一种演绎，画中同样是两男两女，他们共同置身于一片幽静的树林，正在享用美妙午餐。两名男子衣冠楚楚，近处的女子全身赤裸地坐在两名男子身边，身前是她脱下的衣服和一个果篮，远处的女子穿一条吊带裙，好像正在山溪中汲水，肩带滑落在她的手臂上。

以今人的眼光看，《草地上的午餐》似乎没什么出格的地方，但在当时，这幅画的展出却引起了巴黎艺术界的震动。原来这主要是因为在这幅画中，马奈竟然将长期给他当模特的妓女默兰赤身裸体地同两名绅士画在一起，这严重挑战了当时的世俗观念，引起了评论家们的不满。

《田园合奏》里画的女性是女神，女神是可以裸体出现的；但《草地上的午餐》画的是世俗女人，这在当时多少显得有些离经叛道。

批评如潮，马奈的大胆构思招致了大多数人的否定和嘲讽。

然而马奈才不会为了迎合世俗眼光而去讨好这些人。他依然我行我素，于 1863 年创作了一幅构思更为大胆的名画《奥林匹亚》。

熟悉艺术史的人，在看到《奥林匹亚》时不难想起提香的名画《乌尔比诺的维纳斯》。对比这两幅艺术史上的名作，不难看出马奈的构图在仿效了提香作品的同时，在取材上作了一些自己的调整：屋角的白人女仆改成了床边的黑人女仆，卧在床上的白色小狗改成了翘着尾巴站在床上的黑猫；当然，画中的女性形象也不同——提香笔下的维纳斯是一个体态丰腴美妙的少妇，而马奈描绘的则还是《草地上的午餐》中那个妓女，她的身体犹如一座雕塑，在深色背景的衬托下浮出画面。

妓女默兰不光是马奈的模特，也是当时其他一些画家的模特，她

马奈《奥林匹亚》

的面容和身体为当时的绘画观众所熟悉，然而批评家们无法容忍的是一个妓女竟然代表了奥林匹亚（希腊女神）。在 1865 年的沙龙上，当默兰在《奥林匹亚》中以坚定的、同时夹杂着一丝桀骜不驯的目光望着画外的观众时，这些观众害怕极了，他们躲避着她那直视的眼神，并用尖刻的语言对《奥林匹亚》提出了犀利的批评。

在《草地上的午餐》和《奥林匹亚》相继展出之后，马奈成了画坛人所皆知的叛逆画家。他受到了一些人的批评，同时也受到了一些人的追捧和拥护。他的好友，著名作家左拉就十分推崇马奈的画，他说：**“我们的上一辈人嘲笑了库尔贝，而今天我们都在他的画前流连忘返；现在人们又在嘲笑马奈，将来又该在他的画前出神羡慕了。马奈先生一定是巨匠，我对此坚信不疑。”**不仅如此，左拉还预言马奈的《奥林匹亚》终将在卢浮宫占有一席之地。

果不其然，在经历了多年被打击、被封杀的命运之后，1908 年，《奥林匹亚》正式进入卢浮宫，而且被悬挂在一个十分醒目的位置。

左拉四十多年前的预言实现了。

“做自己想做的事，让别人去说吧”

自从事绘画创作那一刻起，马奈就一直践行着自己的人生信条：**“做自己想做的事，让别人去说吧。”**

“做自己想做的事”的方式，就是突破一切传统的条条框框，追随自己的心灵去创作。

马奈创作时十分注重自己的感觉，他在作画时首先对事物进行仔细的分析和观察，然后遵循感觉去下笔。这样一来，他便能够摆脱传统绘画教条的束缚，更自由地去创作。

马奈是最早打破传统的棕褐色调、使画面变得明亮且有外光新鲜感的画家之一。这种对光与色全新的处理方式很可能是受到了当时巴比松画派的启发，不过巴比松画派的画家们将作品主题囿于表现自然风光，马奈却用这种新的技法来表现一切他感兴趣的主题。

《左拉像》是马奈为好友左拉画的一幅肖像。在这幅画中，马奈没有像传统画家那样用丰富而渐变的色彩来表现人物的体积感和立体感，而是将黑色定为主色，又对其进行巧妙的搭配运用，从而烘托出整个画面。

但此后不久，马奈就放弃了这一技法。他的转变与当时一个名叫莫里索的女画家有关。

莫里索全名贝尔特·莫里索，出生于 1841 年，是一名政府高官的女儿。从马奈为她所画的一幅肖像看，这是一个长着大眼睛和金头发的漂亮姑娘，她那双会说话的眼睛似乎在告诉人们她是一个很有主见的人。

马奈和莫里索邂逅于 19 世纪 60 年代，挂满大家名作的卢浮宫见证了两人的相遇和相识。当时马奈三十几岁，正是意气风发的年纪，《草地上的午餐》和《奥林匹亚》让他赢得了人们的关注；而莫里索也非泛泛之辈，这个 20 多岁又极富教养的年轻姑娘是绘画大师柯罗的得意门生，在结识马奈之前，她已经在巴黎画坛小有名气。

无疑，马奈和莫里索称得上一对才子佳人。马奈很欣赏莫里索的绘画才华，而莫里索对马奈也十分崇拜，非常在意马奈对她的看法。两人相识之后，莫里索就成了马奈画室里的常客，并拜马奈为师，还多次为他充当模特。

人们很好奇这对师生之间到底有没有迸发出爱情的火花。从现有的资料来看，莫里索是一个淑女，她没有破坏马奈的婚姻，而是始终以学生和模特的身份出现在马奈的生活里。不过她的信笺却透露出她内心的不甘，她对马奈的其他模特充满嫉妒，对马奈的妻子苏珊娜也颇有微词。才华横溢的莫里索是当时画坛最出色的女画家，但直到1874 年才结婚，这时她已经 33 岁，还是在马奈的撮合下嫁给了马奈的弟弟尤金。这么多年，莫里索为什么要单身？是为了马奈吗？这些我们都无从了解。但可以知道的是，当马奈去世时莫里索悲伤至极，她不愿接受马奈去世的事实，说道：**“不知为何，我总以为他是永生的。”**

不论马奈与莫里索之间究竟是何种关系，两人之间究竟存在何种情感，他们在艺术上的相互影响却是世人皆知的。莫里索将马奈视为老师，而马奈也从莫里索这里受益匪浅。当然，对他产生影响的还有其他印象派画家，如德加、雷诺阿、毕沙罗、莫奈等，这群人经常在巴黎的一家咖啡馆见面，慷慨大方又智慧健谈的马奈在这群朋友中极受欢迎。

从 19 世纪 60 年代开始，马奈开始采用印象主义的技法和色彩作画。如果说他创作于 60 年代的《老乐师》《弹吉他的人》等油画是写实主义向印象主义过渡的作品，那么他创作于 70 年代的《莫奈在船上作画》《床单》《酒馆》《阿让特伊的塞纳河》《自杀》等则是十分典型的印象派画作。在这些作品中，传统固有色的观念被彻底打破，对象的形态与轮廓退居次要位置，画面着力呈现的是光与色带给人的瞬间印象。同时受日本浮世绘和西班牙绘画的影响，马奈已逐渐抛开三维的立体空间，转向了二维的平面创作。

马奈还创作了一系列卓越的肖像画和静物画，色彩明亮、鲜艳，且颇具个性。

但马奈是这么一个人，他并不会为了反叛而反叛，也不会为了创新而创新。他采用印象主义的技法和色彩，是因为这样可以让他尽可能在绘画中传达他所要表现的感觉。他从不承认自己是印象派画家，并声称自己从来不想违背传统。

事实也的确如此。马奈从未彻底与传统真正决裂——《草地上的午餐》和《奥林匹亚》这两幅惊世骇俗的作品是他用严谨写实的传统手法画出来的，他后来创作的印象主义画作中也始终保持着古典主义那种特有的宏大与庄重的气魄。

与马奈同时代的印象派画家埃德加·德加曾如此评价道：**“马奈要比我们想象的更伟大。”**或许正是马奈不让自己限于某种主义和画风，才使他不断突破自己、逐渐走向伟大。

迟来的“荣誉团勋章”

尽管马奈才华横溢，家境优渥，无须为柴米油盐而浪费自己的时间和艺术才华，但他的艺术之路也并非一帆风顺。

1859 年，当马奈首次将画作送到沙龙去参展时就遭到了拒绝。两年后，他的作品虽然在沙龙上崭露头角并获得了奖项，却没有得到大多数评审团成员的认可。尽管马奈也有一些作品得到了艺术界的广泛承认，如 1873 年展出的肖像画《一杯啤酒》就在沙龙大获欢迎，但总体上，艺术界对马奈的作品始终褒贬不一，这种激烈的争论一直持续到马奈晚年。

作为一名颇具争议的画家，马奈的作品在当时的市场表现很不理想。事实上，在他艺术生涯中的贵人——艺术品经销商保罗·杜兰德·鲁埃尔出现之前，当了将近 20 年职业画家的马奈居然连一幅画都没能卖出。若不是家境优渥，恐怕他早就穷得连面包也吃不起了。

尽管这样，马奈仍执着于自己的艺术道路，继续用画笔向传统发起大胆挑战，绝不屈服于现实的困境。1874 年，马奈不满被学院派把持的沙龙经常拒绝他的作品，于是干脆学起了库尔贝，和与他志同道合的画家朋友们联合起来，策划了一场与学院派对抗的独立画展——这次画展，事实上成了印象派画作的首次画展，尽管马奈并不承认自己是印象派画家的成员。

19 世纪 70 年代末，马奈的命运迎来了重要的转变——艺术品经销商保罗·杜兰德·鲁埃尔发现了马奈作品的价值，开始走进马奈的画室，大肆购买他的油画。可惜这时的马奈已无法享受自己执着的坚持所带来的好处，他的健康状况每况愈下，经常性地遭受双腿麻痹和疼痛的折磨，乡间旅行和去疗养所静心水疗都无济于事。这大大影响了马奈的创作。

然而，马奈并未停止创作。

1881 年，在病痛的折磨中，马奈画出了《福利斯·贝热尔酒吧》，他在这幅画中纳入了想尝试的一切元素。虽然画的只是一个酒吧的女服务员，马奈却通过生动的色彩和精简的构图，使得整幅画呈现出高贵的古典气质和华丽美艳的视觉效果，使之成为印象派作品中的一幅杰作。

马奈《福利斯·贝热尔酒吧》

这幅画为马奈带来了巨大的成功，它在沙龙上展出时好评如潮。这年年底，法国政府还将一个法国平民能获得的最高荣誉——“荣誉团勋章”颁给了马奈。此时马奈年仅 49 岁，却已是疾病缠身。在得到“荣誉团勋章”时，马奈不无忧伤地感叹：“这实在太晚了！”

一年多后，马奈的一条腿因长坏疽而被截肢，不久他就去世了。

最善变的印象派画家

——毕沙罗

画家：卡米耶·毕沙罗（Camille Pissarro，1830—1903）

国籍：法国

代表作：《蒙马特大街》

类型：油画

艺术风格：印象主义

为学画穿越半个地球

如果有人要问谁是19世纪印象派画家中风景画画得最好的那个，或是问谁在19世纪的风景画画家中农民画画得最佳，答案便是：卡米耶·毕沙罗。

卡米耶·毕沙罗是印象派先驱之一，因画风淳朴，有“印象派的米勒”之称。他是法国人，却出生于遥远的中美洲，他的故乡在安的列斯群岛的法属圣托马斯岛。当时这座小岛与周围的群岛分属于十几个不同的欧洲国家，居民多为黑人，也有西班牙人、葡萄牙人、法国人、英格兰人、丹麦人、波多黎各人及混血居民。卡米耶·毕沙罗的父亲是法籍犹太人，他在圣托马斯岛上经营着一家商店，生意红火，并娶了当地的一名女子为妻。

12 岁至 18 岁时，毕沙罗在法国巴黎求学，后又回到圣托马斯岛，在父亲的商店里工作。父亲希望他能子承父业经商，可毕沙罗对经商毫无兴趣，他没有反对父亲的安排，但一有闲暇就画画消遣。

1852 年，毕沙罗迎来了人生转机——这年，他结识了丹麦画家弗里兹·梅尔贝，并随他前往委内瑞拉。在梅尔贝的画室里，毕沙罗学到了最基本的绘画技巧。他对绘画更加热爱了。三年后，毕沙罗再也不愿继续回那座小岛待下去，他最终说服父母，动身前往巴黎向柯罗和杜比尼等绘画大师学艺。

毕沙罗在巴黎过得并不容易，虽然在 19 世纪 60 年代前后他曾有一些画作陆续在沙龙展出，但紧接着就遭遇了连续被官方沙龙拒之门外的命运。画卖不出去，就意味着没有收入，而画画是一门需要耗费大量金钱来投入的事业，毕沙罗的生活变得日渐拮据。与此同时，父亲对毕沙罗的财务制裁更令他雪上加霜——父子俩的关系因毕沙罗执意要娶母亲的女仆为妻而变得紧张，父亲一气之下停止了对他的接济。为了生存，毕沙罗不得不从事油漆匠的行当，而他的妻子也常从事一些力所能及的劳动，赚些小钱来补贴家用。一家人虽过得艰苦，倒也其乐融融。

毕沙罗有着顽强的个性，没有因生活穷困而中断作画。他说：**“绘画使我快乐，它是我的生命，其他无关紧要。”**

因为柯罗，毕沙罗爱上了风景画。他对巴黎郊外的乡村景象充满兴趣，常跑到户外去写生。然而毕沙罗虽热爱柯罗，却不迷恋；他博采众长，广泛学习，不会因他人画派的不同而差别对待，只要是优秀的东西，他都认真学习、揣摩，将其融入自己的创作中。因此，人们常可以从毕沙罗的一些作品中看到柯罗的影子、米勒的影子、库尔贝的影子或杜米埃的影子。

毕沙罗就像一个随风而动的人，因追随心仪大师和画家朋友的艺术而不断改变着自己的风格。但在所有人中，对他的创作起决定性作用的还数莫奈。

1870 年，为躲避普法战争，毕沙罗一家搬到了英国。此次英国之行，毕沙罗收获颇丰：在伦敦结识了画商保罗·丢朗·吕厄——他在日后成了毕沙罗最重要的赞助商；还从透纳和康斯太勃尔这两位英国大画家的作品中获益良多，学到了如何使画作色彩变得欢畅明亮的方法；当然，他最大的收获还是与莫奈的相识。

因为莫奈，原本就很容易被新鲜事物吸引的毕沙罗一下子爱上了印象派的技法。回到巴黎后，毕沙罗就开始跟那群因对学院派不满而聚在一起的年轻印象派画家在巴黎的咖啡馆里高谈阔论。他是他们中年龄最长的一个——比德加大四岁，比莫奈、雷诺阿等则大了十几岁，但他在诸位同仁面前毫无架子，待人随和宽厚，虚心向小他十几岁的青年画家们学习。

从 19 世纪 70 年代起，毕沙罗在绘画中越来越多地融入了印象派的元素，他开始用印象派的手法创作风景画、农民画、肖像画，不久就成了一个坚定的印象派画家。从画风上看，毕沙罗创作于 1870 年的《凡尔赛宫的冬景》与他 1859 年创作的《林间小径》已经截然不同。

坚持与反叛

虽然毕沙罗创作的题材十分广泛，但他最为热爱的还是风景画。

1873 年，毕沙罗携妻儿前往法国北部的蓬图瓦兹定居。蓬图瓦兹是一座历史悠久、风景优美的城市，毕沙罗在这里创作了一系列风景油画：《蓬图瓦兹的苹果树》《蓬图瓦兹莱米塔日圣安托万路》《蓬图瓦兹的庭院》等。

当其他印象派画家沉迷于表现云光倒影、水雾迷离等景象中的光影效果时，毕沙罗却将注意力集中在厚实的土地上：乡村的一角、田野上的几棵树、放牧着牛羊的原野，这些司空见惯的寻常风景，常常成为他创作的主题。起初，毕沙罗喜欢使用刮刀和又厚又重的颜料来作画，但在 1874 年后，他的色彩变得更加明朗，并且成功使得画中的光影跳动起来。他的画一下子活了。

也正是在 1874 年，毕沙罗参加了印象派的第一次画展。从 1874 年到 1886 年，印象派成员一共在巴黎举办过八次画展，但最初参展的众多印象派画家却因内部分歧纷纷在中途退出，连画展的发起人莫奈也未能善始善终，唯有毕沙罗一人默默地坚守着阵地，八次画展一次都没落下，成为参加印象派画展最多的画家。不仅如此，毕沙罗还注重提携后进，先后吸引塞尚、高更、修拉等新成员参加画展，渐渐成为印象派受人敬仰的灵魂人物与实际领袖。

塞尚、高更等人，都将毕沙罗视为可敬的老师，毕沙罗却在这些晚辈面前始终保持着谦虚姿态——他帮助塞尚把画画得更明亮，同时也受到塞尚注重结构的影响；他是高更的艺术引路人，同时也从高更的艺术中吸取灵感和学习新的绘画技巧；他还深受修拉的影响，有一

毕沙罗《晨光映雪》

阵子陷入了对点彩画的迷恋。

因为画点彩画，一些人认为毕沙罗背离了印象派的画法，但实际上，毕沙罗的绘画进程并非线性，从一种风格跳向另一种风格，当他被新的技法所吸引时，他只是暂时放下了过去的技法，但当需要时，他会随时将过去的技法捡起来为自己所用。

到了19世纪八九十年代，毕沙罗终于从他的“善变”中获得益处，迎来了他一生中创作的巅峰时刻。他将此前从众多画家那里学到的技法融会贯通，灵活地运用于自己的作品中，创作出了大量杰出的作品，如《晨光映雪》《夕阳下的杨树》等。这些主题平凡却构图庄严、充满迷人色彩的画作，彰显出毕沙罗自己所希望达到的“纯净、简洁、敦厚、柔和、自由”且富有新鲜感的效果。

此外，毕沙罗是一个十分喜欢画道路的画家，尤其喜欢以俯瞰的角度描绘巴黎的蒙马特大街。创作于 1897 年的《蒙马特大街》便是其中十分优秀的一幅。在这幅画中，毕沙罗描绘了蒙马特大街的全景：一条宽阔的大街伸向远处的山脚，街道两侧高楼林立，街上人群涌动，车水马龙。整幅画构图宏伟、庄严而富有气派，色彩丰富柔和，冷暖色调间是细致、明亮而变化丰富的灰调子，笔触均匀而不失活泼变化，粗犷与细致融为一体，表现出毕沙罗特有的艺术风格。

创作于 1898 年的《林中浴女》则是毕沙罗运用点彩画技法的典范。他将树丛、小溪、河岸及浴女都分析为冷暖彩点，让物象失去了明晰的轮廓，人与自然融合为一体，营造出一种扑朔迷离的效果。

毕沙罗已在不知不觉中成为印象派绘画大师，并在法国和美国具有很高的声誉。晚年时，他的经济状况好了许多，可以心无旁骛地从事艺术创作，但腿疾却将他困在了室内，使他只能在窗边作画。后来他又罹患眼疾，作画更加困难了。虽如此，毕沙罗依旧坚持作画，直到生命的最后一刻。

毕沙罗《蒙马特大街》

最“不随心所欲”的印象派大师
——德加

画家：埃德加·德加（Edgar Degas，1834—1917）
国籍：法国
代表作：《芭蕾舞排练》
类型：油画
艺术风格：印象主义

最“不随心所欲”的艺术

在19世纪的印象派大师中，埃德加·德加是最具争议的一个。

1834年，德加出生于巴黎一个富裕的家庭，父亲是一名银行家，祖父是一名画家。优渥的家境为德加提供了自由选择的条件。他不必考虑生计问题，只需要追求自己喜欢的就行。德加从小对艺术就很感兴趣，由于家中没有画室，他常去卢浮宫临摹大家名作。后来，德加考进艺术学院，师从法国古典主义大师安格尔的高足路易·拉莫特。其间，他曾多次前往意大利，向文艺复兴时期的大师们学习古典主义的绘画精髓。

在路易·拉莫特门下，德加学会了整套古典主义创作的手法，且尤为喜爱素描。他喜欢那些清晰、连贯而纤细的线条，认为只有用这样的线条，才能画出真正高雅优美的画作。他曾说：**“我认为素描比色彩的表现性能更丰富。”**德加画了大量素描作品，到后期时，其素描作品渐臻简练概括，用笔自然奔放，人物造型强调主要信息，使姿态异常生动、舒展，具有很强的艺术感染力。如他创作于 1880 年的《调整舞鞋的舞者》，便是极富德加个人气质的一幅素描作品。有评论认为，德加的素描妙笔生花，安格尔的所有弟子和追随者中没有一个比得上他。

德加一生尊崇安格尔，热爱古典主义素描，但这并不妨碍他成为学院派的“反叛者”——尽管在 1874 年之前他已有不少作品在官方沙龙展出，可他对那些学院派的机构厌恶至极，当马奈、莫奈等人效仿库尔贝策划自己的展览时，德加便义无反顾地加入了他们。他抨击学院派的一些言论，有时令激进的印象派画家们都为之惊讶。

尽管德加并不承认自己是印象派成员，并十分讨厌“印象派”这个术语，但在艺术史上，他却以印象主义画家闻名于世。而说起德加的作品，人们莫不想起他笔下的“小老鼠”们。

“小老鼠”是那个时代人们对跳芭蕾舞小演员的称呼。这些演员的年龄几乎都不满 20 岁，有许多甚至不满 13 岁。德加常常去歌剧院观看“小老鼠”们的表演，但最令他感兴趣的是“小老鼠”们在舞台后的生活与表现。他用画笔记录了一幕幕这群芭蕾舞少女在舞台后练舞、休息的情景，创作出了《舞蹈课》《芭蕾舞排练》《舞蹈考试》《调整舞鞋的舞者》等作品。这些作品一些是油画，一些则用粉彩画成。

德加的舞者系列作品总是将情景的瞬间感表现得十分到位，令人

德加《舞蹈课》

产生身临其境的感觉，仿佛正站在画家作画的位置，静静地旁观舞者的一举一动。不过千万别以为这些画作就是德加拿着画板到舞台后面迅速写生得来的，事实远非如此。

当多数印象派画家都热衷于现场写生时，德加却依然保持着学院派严谨的绘画传统，他对印象派热衷的那一套技法缺乏热情，对风景画也毫无兴致；他喜欢表现人体，并且认为绘画不是单凭主观感受即可，而是需要用心钻研；他去歌剧院的目的是收集创作所需的丰富素材，回到画室后，这些素材还要进行进一步的严格加工，才能真正成为作品。因此，德加画中的场景看上去往往十分逼真、宛若现场，但其实这并非画家眼睛所看到的样子，而是画家精心设计安排、刻意剪裁布局后创作出的效果。

正如德加自己所言：**“没有谁的艺术，比我的艺术更加不随心所欲。”**

爱美女人的头号仇敌

德加是一个脾气古怪的人，一生中画过无数女人，有芭蕾舞女演员，有女子肖像，有沐浴的女子，还有生活在底层的熨衣女，等等。但他又似乎始终对女人持有敌对情绪，从德加的画作中，我们不难发现一个事实：他总是倾向于将女人画丑。

在德加的舞者画中，比起这些舞者的脸，他更关心的是她们的手臂动作和踮起的脚尖，是她们低头弯腰、转身、俯身的姿态。总之，他关心的是优美的形体，而对她们的面部表情与情感则几乎漠不关心，很少精心刻画。

对于花钱请来的女模特，德加也是如此。据说有一次，有个女模特对此提出了异议，认为德加不该把她的脸和鼻子画成那个样子，可德加却让对方回家好好看看自己的鼻子，还无礼地将对方轰出了画室。

更有甚者，德加连自己的朋友甚至恋人也不放过。

德加是个沉默寡言的人，说话时又常常锋芒毕露、尖酸刻薄，要好的朋友并不多。而他跟马奈却是多年的老朋友，两人有着许多共同之处：他们年龄相仿；都出身富裕家庭，父母希望他们学习法律，他们却选择了艺术；都颇具主见且有着清高孤傲的性格；都在学院派大师门下受过严格的古典主义训练——这些相似之处使得德加和马奈在卢浮宫相遇时便一见如故，很快成了好友，两人经常一起参加印象派聚会，一起去看赛马和歌舞剧，作为画家，也免不了互赠画作来表达友谊。

有一次，德加主动为马奈夫妇画了一幅画，并将此作为礼物送给了马奈。画中，马奈穿着一身黑色西服，懒洋洋地躺在床上，马奈夫人则背对马奈，正在弹奏钢琴。可是现如今我们却只能看见画的左边一半，因为画的右侧部分被马奈裁掉了，原因据说是德加将马奈夫人画得太丑，以至于马奈实在无法接受。据说马奈此举严重地伤害了德加，竟然导致多年的友谊因此而疏远。

因为马奈毁画，我们已无法得知德加笔下的马奈夫人长得究竟有多糟糕，不过，我们仍可以从《苦艾酒》这幅名画中窥见德加是如何描绘他的女性朋友的。在《苦艾酒》中，马奈描画了两个失意人的形象，画中男子为他穷困潦倒的朋友台斯·色丹，他的右手边为不得志的女演员爱伦·安德蕾。从人物塑造上看，这幅画无疑是成功的，德加用粗犷简练的笔触把两个潦倒的人物刻画得十分生动传神，而将人物安排在右上角、把大部分空间用来描绘酒吧陈设的独特构图，使得空旷的空间感与人物的失落感交相呼应。但是细细端详他笔下的女演员爱伦·安德蕾——我们不禁要问：这么一个目光呆滞、双肩低垂、无精打采的女子，真的是一个女演员吗？

但爱伦·安德蕾如果知道德加是怎么对待玛丽·卡萨特的，那么她或许就不会对德加有什么意见了。众所周知，德加终身未婚，既没有妻子，也没有情人，美国女画家玛丽·卡萨特可以说是跟他走得最近的一个女子，他们情投意合，经常一起制作版画，并相互给对方画素描肖像，两人的关系甚至一度亲密到被人怀疑是情侣。

卡萨特出身富贵之家，从她创作于19世纪70年代末的《自画像》可以看出，她穿着时髦，长相大方端庄，颇具气质。可是这样一个富有魅力的卡萨特，仅仅在数年之后，就变成了德加笔下一个穿着一身黑衣、看上去一身疲惫的老妇人的形象。据说卡萨特看到此画后很不开心，在给一个朋友的信中措辞十分严厉：**“他把我画成这个糟糕的样**

子，我不希望别人知道画中的女人就是我。”

前卫的雕塑家

不是所有人都欣赏德加。

1874 年 4 月，当第一次印象主义画展在巴黎开幕时，画室里挤满了好奇的人们，他们对这些与众不同的作品大加议论，嘲讽这些自称艺术家的家伙对艺术一窍不通。其中德加的作品还被单独挑了出来，被观众抨击为技巧拙劣、构图怪异。不光如此，因为德加未婚又画了许多舞者和浴女的题材，他还被人指摘为“偷窥狂”。

但德加我行我素。他忧郁的眼神中藏着坚定的意志，他不打算为任何人做出改变。

作为一名上流社会的绅士，看歌剧、听音乐会、看赛马是德加的日常娱乐。除了他非常喜爱的那些穿着芭蕾舞裙的舞者，他还画了《咖啡馆的女歌手》《在大使馆的咖啡音乐会》《化装舞会之后》《巴黎歌剧院的乐师》等优秀画作。其绘画材料丰富多样，有油画，也有素描和粉彩。他的画鲜有外光，却不厌其烦地表现着人物的皮肤、服饰及周围环境在灯光下所呈现出来的效果。作画时，德加一边追求造型的精准，一边用明亮、丰富的色彩赋予画面活力与美感，最终在画中达到了形与色的统一。

除了整日在画室里钻研绘画方式和作画材料，德加对雕塑也颇有兴趣。在 1881 年的第六次印象派画展上，一尊《十四岁的小舞女》吸引了人们的眼球。这是一座以“小老鼠”范·戈西亚为模特的蜡像，雕塑大小约为真人的三分之二，呈现出一副芭蕾舞少女排练时昂首挺

德加《巴黎歌剧院的乐师》

胸的站立姿态：右腿置于左腿前、脚尖转向外面，双手背在身后，下巴微微抬起，仿佛正专注地看着上方的什么。有趣的是，德加还给这座蜡像穿上了真正的紧身胸衣和白色的短薄纱裙，并在她的“头发”上扎了一条白色缎带。蜡像的衣服是一位玩偶匠为她量身定制的，她的“头发”也是真的，只是德加为使整座蜡像硬化成形，在这种材质上涂了一层薄薄的热蜡，但原先的材质仍可辨认出来。

当纤瘦的“小老鼠”蜡像在独立沙龙展出时，人们简直惊得目瞪口呆。在当时的人们看来，雕塑就意味着精雕细琢的大理石像和青铜像，他们从未见过用如此奇怪的材料制成的雕像。一些人对德加的作品提出了尖刻批评，说他塑造的女孩“像野兽一般”、实在太丑陋，但另一些评论家却为德加的大胆尝试叫好，并宣称：**“这是雕塑中唯一一次真正的现代尝试。”**

德加晚年视力锐减，最后完全失明。他生性寡言又为人孤僻，在好友马奈去世后开始深居简出，过着几乎与外界隔绝的生活。独自外出散步成了他生活的新嗜好，而当他待在画室中时，由于眼睛看不见，依靠触觉来创作雕塑成了他晚年排遣寂寞的唯一方式。“小老鼠”仍是他最爱的主题。

1917 年，德加在巴黎寂寞地走完了人生最后的路程。他去世后不久，一些雕塑家被他那座融合了多种材质的雕塑所吸引，据此做了一个模具，并铸成了 28 个“小老鼠”范 · 戈西亚的青铜铸像，以此来向一代大师致敬。

最纯粹的印象派画家
——西斯莱

画家: 阿尔弗雷德·西斯莱（Alfred Sisley，1839—1899）

国籍: 法国

代表作:《马尔利港的洪水》

类型: 油画

艺术风格: 印象主义

水啊水

在巴黎风光迷人的塞纳河左岸、举世闻名的卢浮宫对面，有一座以收藏近代艺术品为主的美术馆叫奥赛美术馆，馆内藏品多来自卢浮宫、蓬皮杜艺术中心和卢森堡博物馆等，以印象派绘画为主。这里既有莫奈的《睡莲》，也有凡·高的《自画像》，还有马奈、塞尚、德加、雷诺阿等人的作品。在琳琅满目的印象派画作中间，有一幅名为《马尔利港的洪水》的布面油画。这幅画画幅不大，纵 60 厘米，横 81 厘米，初看之下，跟周围的大师之作相比显得有些缺乏个性，然而走近细看，则会发现它像一位恬静少女，散发出独有的气质与美丽。

《马尔利港的洪水》名为洪水，画的却并非洪水泛滥时惊心动魄的可怕景象，而是呈现出如“水城”威尼斯一般的优美风光。整幅画画面工整有序，布满阴云的天空占据了画面三分之二的空间，天空之下是倒映着房子、天空和树木的水面，笔触细腻、严谨，虽为印象主义的笔法所作，整体风格却非常接近古典主义风景画的特色。

这是艺术史上少有的将洪水灾害表现出诗意的绘画作品。当《马尔利港的洪水》展出之时，印象主义绘画大师毕沙罗曾由衷赞美道：“在所有表现洪水泛滥的作品中，这幅画是最优美的。”而创作《马尔利港的洪水》这幅杰作的画家正是西斯莱。

西斯莱出生于法国巴黎，父母都是英国人，不过他是在法国接受的教育，也自始至终自视为法国人。18 岁那年，西斯莱曾被父母送到伦敦去学习出口贸易，回法国后进入一家商行工作。可他对商业没有多大兴趣，内心喜爱的是文学和艺术，热衷于研究莎士比亚、透纳和康斯太勃尔。

1862 年，23 岁的西斯莱终于下定决心要过自己向往的生活，他放弃商行的工作，在巴黎拜师学艺，并很快结识了莫奈、雷诺阿等志同道合的青年画家，跟他们成了朋友。平日里，西斯莱最爱做的事就是携带画架和颜料去户外写生。他崇拜柯罗，从这位风景画大师的作品中受益良多，前期的画作有着明显的巴比松画派的艺术特色，后期则受莫奈影响较大，转向了印象主义。

可以说，画水是印象派画家们的共同爱好，因为水反射光的特性，水中的倒影正好满足了画家们作画时对光与影的迷恋。而在所有印象派画家中，西斯莱可谓是对水最迷恋的一个。

西斯莱爱画水，水是他始终如一着力表现的一个绘画主题。不论是塞纳河，还是枫丹白露河，抑或是圣马丁运河，只要有水，他就可以在那里坐上一整天。天光云影的瞬息万变令他着迷，他飞快但谨慎地将丰富的色彩涂抹到画布上，以将眼睛捕捉到的瞬间的自然景象留在画布上，化作永恒。

《马尔利港的洪水》是西斯莱有关水的绘画中最有名的一幅，此外，西斯莱还画了一系列描绘马尔利港风景的作品。值得一提的是，《马尔利港的洪水》不止一幅，西斯莱曾在 1872 年画下马尔利港被洪水淹

西斯莱《马尔利港的洪水》

没的景象，时隔 4 年后的 1876 年，他又以同样的角度画下了洪水中的马尔利港，前后的构图几乎一模一样，只是画中的天空、房子、小舟、人物和树木有着些微不同。

西斯莱还以水为主题创作了许多其他的优秀画作，如《塞纳河畔的村庄》《苏雷斯尼的塞纳河》《圣马姆的船》等。他对色彩的感觉非常敏锐，画笔轻快且富有变化，喜欢用碎点状笔触展示细腻的光影变化，其作品抒情而富有诗意。

雪啊雪

雪，是大自然中一种神奇而优美的存在——它是固态的水，具有可触摸的固体质感，同时又保留了水的反射特质，可在阳光下散发出耀眼光芒，但雪的反射又与水不同。总之，在雪的映衬下，周围景物呈现出的色彩变化令印象派画家们十分着迷。

西斯莱爱水，也爱雪，每当冬季到来的时候，他就常常在雪地里漫步，以寻找令他心动的景色。

《路维希安的雪》创作于 1874 年，画的是雪后阴天的景象，铅灰色的天空阴沉沉的，道路一侧的树木黑瘦肃穆，另一侧的房屋只露出仅有几扇小窗的背面，屋顶上落着积雪，更显肃杀萧条。而位于中间的道路则是画家表现的重点：这条积雪的道路并非一片白色，而是因反射天空的颜色而略呈灰色。在表现雪上，西斯莱将灰白比把握得十分到位，且通过色彩深浅的微妙变化和十分自然的灰黑色笔触，将道路的形状及人们在雪地上活动过的痕迹都表现了出来。

而《冬日里的小村道路》则创作于 90 年代，画的是雪后初霁的

西斯莱《路维希安的雪》

景象。积雪铺在道路上、屋顶上，一些已被扫起堆在墙脚处。天空因乌云散去变亮，微红的云彩为冬日的天空添加了一丝暖意。阳光照亮村子里的泥墙，照亮屋顶上的积雪，也透过院落间的间隙照亮路上的积雪。在这幅画中，西斯莱不仅将白色、灰色等色调处理得十分和谐，而且还得心应手地运用冷暖色调的对比，营造出雪后初霁时一种令人愉快的气氛。

印象派中的许多画家都画过雪景，但西斯莱却在这方面做到了极致。这并非由于他的绘画造诣超越了其他印象派画家，而是因为他的专注——不论什么景象，他都要仔细观察、反复写生，对马尔利港的洪水是如此，对路维希安的雪景也是如此。除了专注，西斯莱创作时还十分用情。他曾说：**“在艺术作品中灌注生命感，无疑是艺术家的必然目的。但是能够在画中灌注这种生命感的，只有它的创造者的心灵激动，也正是这种激动才会打动观者。”**

西斯莱的雪景之所以动人，与他的人生际遇也不无关系。

西斯莱出生于富裕之家，年轻时之所以能任性放弃商行的工作而专心绘画，靠的正是父亲的接济和支持。然而，1870 年，父亲的病故使他失去了经济来源。西斯莱生前并不知名，画作的销量很不理想，失去父亲接济的他一下子陷入了贫困，不得不从巴黎市区搬到郊外的路维希安居住。当时他的生活充满艰辛，而绘画事业也不顺利，内心的凄凉与孤寂可想而知。但乡村质朴的生活和宁静幽美的风光又时常令他在忧伤中感到欣慰。西斯莱用敏感的心灵和敏锐的目光捕捉着路维希安那些动人的风景，从中获取心灵的慰藉，并由此创造出了一系列既有着沉静、忧郁和悲伤气质，又不乏偶然闪现喜悦情愫的动人作品。

尽管从1870年后西斯莱的处境一直不佳，但他从未放弃创作。他热爱风景，在留给后世的约800幅油画作品中，大部分都是风景画。西斯莱为人谦和、腼腆、彬彬有礼、性格沉稳，其绘画也同他的为人一样平稳而宁静，画风变化和缓，不像莫奈、雷诺阿的作品那样起伏较大。他的朋友毕沙罗称他是“最纯粹的印象派画家”，因为他作画数十年一直初心不改，始终坚守最初的作画理念——通过光与色彩的表现来捕捉自然风景瞬间的真印象。

然而当这个喜欢莎士比亚的男人心中装着诗意理想和浪漫情怀在画布上涂抹光与影的色彩时，他的时代却不理解他。西斯莱没有在生前获得多少荣誉和掌声；他去世后，多亏了莫奈、毕沙罗等好友为他努力奔走，才使他在画坛的声誉逐渐提高。

不合群的后印象派大师

——塞尚

画家： 保罗·塞尚（Paul Cézanne，1839—1906）

国籍： 法国

代表作：《玩纸牌者》

类型： 油画

艺术风格： 后印象主义

为画画不惜一切代价

在 19 世纪的法国印象派画家中，曾有人说过这么一句话：**“我不理解这个世界，这个世界也不理解我。”**这个人就是保罗·塞尚。

塞尚出生于法国南部城市艾克斯，这里风景优美，拥有大片的葡萄园和薰衣草园，而且到处都是喷泉。据说公元前 122 年，一位罗马将军发现这里的泉水能治病，因此，将这里取名为“水城”，“艾克斯”就由拉丁文中的“水”演变而来。

塞尚就是在这样一个美丽又多水的城市长大。年少时，他常常跟好友巴耶和左拉在艾克斯附近的阿尔克河中游泳。这条小河位于一片美丽的山谷间，一座铁路高架桥从山谷横穿而过；不远处即是圣维克

塞尚《圣维克多山》

多山，这座山虽然并非高耸入云，然而灰白的石头山峰与四周绿树掩映的山坡相映成趣，一眼便可辨识出来。日后，成为画家的塞尚经常在绘画中描绘圣维克多山的风景，使这座光秃秃的石头山变为闻名世界的名山。

塞尚没有一开始就学画。他的父亲原本是一家帽子店的老板，后来交了好运，成了银行经理。少年时的塞尚拥有一颗敏感的心，热爱文学，并写下了许多朴实、笨拙的诗句，父亲却希望他能学习法律。在家中，父亲拥有绝对权威，塞尚按照父亲的意愿考入大学法学院学习，但内心却并不快乐。当时，好友左拉已只身去巴黎寻求发展，塞尚经常给左拉写信，他在信中如此抱怨道：“哦，法律，什么样的头脑中产生了你，创造出变形的《法学汇纂》？这部不合时宜的法典，又在法国存在了一个世纪？……他们的某篇难懂的文章，带给我的郁闷还不够吗！要是有地狱，还剩一个位置的话，上天啊，把《法学汇纂》的主编投进去吧！”

1859 年，塞尚的父亲在艾克斯附近买下了维拉尔侯爵在 17 世纪建造的热德布芳花园，以作为全家的避暑之地。在这座美丽的花园里，塞尚布置了自己的第一间画室。他表面上还学着法律，实际却已决心投向艺术的怀抱。他在写给左拉的信中让左拉帮他打听一下艺术学院入学考试的情况，并声称：**“不管付出什么代价，我都要参加入学考试。”**

1862 年，塞尚终于如愿以偿。他来到了巴黎，与左拉的久别重逢令他激动不已，而终于得以一心一意追求艺术更令他精神振奋。通过左拉，塞尚结识了马奈、毕沙罗等当时在巴黎画坛甚为活跃的印象派画家们。毕沙罗还邀请塞尚到他居住的蓬图瓦兹一起写生，并真心诚意地在绘画上对塞尚进行指点。塞尚早期的作品受德拉克洛瓦影响，色调总体偏暗，而在投身毕沙罗门下以后，用色开始变浅，并不时在配色上做出新的尝试。

1873 年，塞尚完成了他的第一幅大作——《缢死者之屋》。这幅画创作于奥威尔村，所呈现出的结实与粗犷是塞尚绘画的特质，但画中明亮的用色则属于印象派的风格，从中可看出毕沙罗对他的影响。

不为傻瓜们作画

从塞尚写给朋友们的书信及一些文献的记载看，塞尚并不擅长语言表达，也似乎不懂社交礼仪。他性格古怪，敏感多疑，在与人交往时总是充满狂躁。据说初到巴黎的塞尚在参加印象派画家们的聚会时，要么一声不吭独自坐在角落，要么突然站起身，砰一声将杯子放下，大喊一声：“我烦死了！”然后离席而去。印象派的画家们对塞尚的行为习以为常，待他走后，他们继续谈笑风生，但塞尚却始终无法接受朋友们幽默风趣的谈话，总怀疑他们在取笑他。

因为塞尚的性格，除了相识多年的左拉和宽厚善良的毕沙罗，他没有多少真正的朋友。不过他倒乐意过这种离群索居的生活，并认为**“任何一个艺术家都希望尽一切可能提高他的智力水平，而为此就必须离群索居”**。他整天把时间花在画画上，努力实践着自己的艺术理想——“根据自然，重画普桑的画。”之所以要重画普桑的画，是因为在塞尚看来，尽管前辈大师们孜孜不倦地力求在画布上还原自然，事实上他们的绘画却离自然很远。他曾在一封给左拉的信中如此写道：**“我确实感到，前辈大师们过去所画的户外景物都被表现得含混不清，它们给我的感觉都是不真实的，首先是不具备大自然所提供的本来面貌。”**

为呈现大自然的“本来面貌”，塞尚不断地探索、钻研着。

关于塞尚画画，流传着这么一则故事。

一天，塞尚正在塞纳河边作画，这时过来一个路人，他看了看画布上那些鲜明的用色和粗实的线条，对这个“业余画家”的乱涂乱抹实在有些看不下去，于是好心问道：“你在画画吗？”

“当然，不过画得不好。”塞尚总是对自己的作品感到不满意。

“哦，我看得出来。”

随后，路人表示如果塞尚愿意，他只需寥寥几笔就可帮塞尚把错误改正过来。在得到塞尚允许后，路人拿起画笔，在画布上大肆修改起来。不过这个人一走，塞尚就马上拿起调色刀，刮去了这个自以为是的路人添上去的一切，还如释重负地说了一声：“终于解脱了！”

塞尚当然不是真的不会画画。他只是对过去不满，因此，才装作不会画画，放下过去习得的绘画技巧与经验，让自己从头开始。这样做需要极大的勇气。对于绘画，塞尚是严肃而认真的，他的认真却受到了嘲笑。多年来，他屡次寄给官方沙龙的画作都遭到了拒绝，为此他曾用手推车推着满满一车画布行走于巴黎的大街小巷，以此方式来表示抗议。

1874 年，不受官方沙龙礼遇的印象派新锐画家们自己集资注册了一家公司，并以公司的名义在巴黎举办了一场震惊艺术界的展览。当时参展的画家约有 30 人之多，塞尚也在其中，他在这次画展中展出的是《现代奥林匹亚》和两幅风景画。

《现代奥林匹亚》创作于 1873 年。据说塞尚作品的收藏者在巴黎沙龙的画展上看到了马奈的《一杯啤酒》后对这幅作品大加称赞，塞尚不服气，因此创作了《现代奥林匹亚》。《现代奥林匹亚》是西方绘画史上的又一次革命，象征着马奈的时代已经过去，而新的时代随之到来。不过在当时，这幅充满挑衅意味的画作受到了严苛的批评，一些人甚至质疑塞尚的天赋，认为他或许根本不适合画画。

对于外界的批评，塞尚并未放在心上。尽管他也十分渴望能卖出作品以养活自己——更确切地讲是养活妻儿——他爱上了身份与他不匹配的模特玛丽·奥尔唐丝·富盖，并跟她育有一子，却始终不敢向家人公布她的存在，而是仅靠父亲资助他画画的生活费养着妻儿，生活得十分拮据——尽管如此，塞尚并不打算向现实屈服。

对于艺术，塞尚有他自己的看法和追求。在写给母亲的一封信中，他信心满满地说道：**“我总是在作画，但不是为了达到傻瓜们所追求的完美。人们如此庸俗地对完美赞赏不已，其实那只不过是画工的作为，完美会让整件作品以丧失艺术性和变得平庸而告终。我乐意做的是使其更真实、更富有想象力。请相信终有那么一刻，我会为人们所接受，**

并拥有崇拜者……”

“苹果会动吗？”

时间流逝，塞尚正从而立走向不惑之年。这时，他的好朋友左拉已在巴黎闯出了一片天地，发表了多部小说，成为巴黎文坛的一颗新星，而塞尚却郁郁不得志。他的艺术理念太前卫了，不仅普通观众接受不了，就连前卫的印象派画家们也无法理解。

1877 年，塞尚参加了第三次印象派画展，这是他第二次参加印象派画展，也是最后一次。此后，他与他的印象派朋友们决裂了——他们彼此看不上，在绘画观念上发生了严重分歧，只好分道扬镳。

塞尚尽管自负，但内心也不无焦虑。他是一个画家，他的理想要求他不媚俗、不从众，但他同时也是一个丈夫，一个父亲，他着急将自己的作品卖出去，因为他那个喜欢拆看家人信件的父亲从一些人写给他的信中发现了他的秘密，尽管塞尚矢口否认，但父子俩的关系仍因此变得紧张，塞尚担心父亲会随时停止对他的资助。塞尚的经济很紧张，有一次儿子生了病，他却不敢告诉父亲，只好写信向朋友左拉借钱。

左拉起初认为塞尚有着深刻的思想，是个天才，可是当塞尚奋斗多年仍未成功时，他也渐渐对这位不时需要向他张口借钱的儿时伙伴产生了怀疑。为帮助塞尚获取世俗意义上的成功，左拉曾好心奉劝塞尚要为人圆滑，并给他支了一些招。塞尚也意识到自己离主流太远了，可他做不到——他无法改变自己的性格，也不打算放弃自己的创作理念。塞尚的固执令好友左拉开始对他灰心失望。当左拉以塞尚为原型创作出小说《杰作》时，塞尚很是受伤，令塞尚难过的不是左拉对以他为原型的人物在小说中的命运的安排，而是左拉似乎压根儿就不理解他的坚持，更不肯定他如此努力付出的价值与意义——数十年的友谊，此时竟走到了尽头。

不过，生活总是有得有失。塞尚仍继续作画，他在巴黎、蓬图瓦兹和艾克斯三地跑来跑去，经济上的窘况终因父亲去世后继承了一大笔遗产而结束。此后，塞尚终于得以无忧无虑地专心画画，而不必再为接下来该向谁借钱发愁了。

塞尚作画不像印象派其他画家那样飞快地写生，而是对色彩与明暗有着沉着与深入的分析，并逐渐专注于物体的具体性、稳定性和内在结构的表现。他曾说：**“表现自然要用圆柱体、球体、锥体……，在感受自然时，对我们来说深度比平面更重要。”**

他画起来很慢。据说有一次，画商沃拉尔德请塞尚为他画肖像，塞尚把厨房椅子放在一只摇摇晃晃的货箱上，坚持让模特坐在这把椅子上，从早上 8 点一直到晚上 11 点半，中间没有休息时间，沃拉尔德困乏至极，在椅子上打起了瞌睡，结果连人带椅还有货箱一同翻倒在了地板上。而塞尚却很不满地冲他的模特喊道：“苹果会动吗？”

或许正因为苹果不会动，塞尚才那么热衷于画苹果。他努力用色的团块表现法来描绘物象的体积和深度，用色彩的冷暖关系来造型，他喜欢赋予物象明确的轮廓线，并用简化、概括的方式来处理事物，为了画面的形式结构，他还会有意扭曲客观造型，因此，人们常可以在他的画中发现透视不准、人体变形的情况。

塞尚的探索和努力没有白费。到了 19 世纪 90 年代，他迎来了艺术创作的收获期，《玩纸牌者》《浴女》等作品纷纷出炉。1895 年，画

塞尚《玩纸牌者》

商沃拉尔德为塞尚举办了一次大规模画展，展出了塞尚将近 150 幅油画。此时，时代的风潮已发生转变，尽管仍有批评的声音，但在艺术家和评论家心中，塞尚的地位与他之前已不可同日而语。曾经不理解他的印象派画家们也开始对他刮目相看。一向对他照顾有加的毕沙罗则真诚地赞叹道：**“和雷诺阿相比，我根本就算不上狂热崇拜。就连德加也诚服于这种精致野性的魅力。”**

没错，塞尚的绘画精致而富有野性，他是真正开创现代绘画的那个人，其作品对后来的野兽主义、立体主义和抽象主义等绘画流派都产生了深远的影响，被后世尊为“现代绘画之父”。毕加索曾说：**“他（塞尚）是我唯一的老师……塞尚就像我们所有人的父亲一样。”**

塞尚《静物：苹果和橘子》

自19世纪90年代后期开始，欣赏和仰慕塞尚的人越来越多，塞尚开始拥有自己的崇拜者，曾对母亲的许诺变成了现实。不幸的是，这位颇具独创性的艺术天才未能充分享受他期待多年的成功，便在1906年的秋天与世长辞了。那是一个星期一，塞尚在外出时遭遇了一场暴雨，由于身体虚弱，不慎摔了一跤后晕倒在地，被雨淋了几个小时。有好心人用马车将浑身湿透的塞尚送回家，但塞尚稍事休息，第二天一早就又出门画画去了，不想肺炎已乘虚而入，没等家人赶来，他便于数日后病逝于艾克斯。

矢志不渝的印象主义画家
——莫奈

画家： 克劳德·莫奈（Claude Monet，1840—1926）

国籍： 法国

代表作：《睡莲》

类型： 油画

艺术风格： 印象主义

被挫败的天才画家

19 世纪的法国恰如文艺复兴时期的意大利，大师辈出，艺术极度繁荣。印象派作为当时极重要的一个流派，在 19 世纪 70 年代横空出世，马奈、莫奈、德加、雷诺阿、毕沙罗、塞尚、修拉……这些在后世享誉世界的画坛巨匠，都是印象派成员。然而这些印象派成员，有的如马奈，虽被后世视为印象派画家，画家自身却不认同；有的如雷诺阿，前期虽以印象派技法创作，后来却转向了古典主义；再如塞尚等人，严格意义上讲属于“后印象派”画家，他们前期追随印象主义的脚步，后来的绘画观念却与印象主义相左，还曾经一度被称为“反印象主义”。总之，许多印象派画家并不“纯粹”，而莫奈是他的这些伙伴中真正纯粹的、始终如一的印象派灵魂人物。

莫奈出生于巴黎，父亲是一个小商人。5 岁时，莫奈跟随父母搬到了位于法国北部沿海的勒阿弗尔居住。他从小就表现出了极高的绘画天赋。据说莫奈十几岁时，就凭借木炭漫画在当地小有名气；他很有商业头脑，为自己的漫画开出每幅 20 法郎的价格。17 岁辍学后莫奈靠卖画为生，竟然积攒下 2000 法郎用以作为自己谋求艺术发展的基金——这在当时可是一笔巨款！塞尚的父亲作为一个银行经理，每次给塞尚的生活费也常常不超过 200 法郎。

19 岁那年，莫奈怀着远大理想前往巴黎，正式开始了追求艺术的生涯。跟绝大多数热爱艺术的年轻人不同，莫奈并没有进入艺术学院，而是决定自学，并在需要时前往瑞士学院或一些画家的画室参观学习。

不过，莫奈在巴黎才学习两年就应征入伍了。他因在校时成绩不好被分到了骑兵团，受训地在阿尔及利亚。莫奈在非洲感染了伤寒，他的姑妈帮他从部队解脱了出来。在家人的资助下，莫奈重新回到了巴黎。

这次，莫奈选择了拜师学艺，他进入夏尔·格莱尔画室学习，结识了毕沙罗、雷诺阿、西斯莱等青年画家。莫奈不满足于夏尔·格莱尔画室传授的古典主义绘画技巧，受巴比松画派影响，他开始师法自然，创作外光画。

1863 年，羽翼渐丰的莫奈和几个志同道合的同学对夏尔·格莱尔画室教的那一套变得无法忍受，于是一行人索性离开了画室。他们到枫丹白露的森林和诺曼底的海滨不断地写生，练就敏锐的观察力，并共同创造了一种用浓厚的油彩描绘自然界光与色的艺术手法。

最初，莫奈的绘画事业还算顺利。1865 年，他的一幅风景画被官方沙龙接受了。这令他信心倍增。可两年之后，当莫奈将《花园中的女人》提交给官方沙龙时却遭到了拒绝。祸不单行，当莫奈在事业上遭遇挫折时，他的生活也变得不顺起来——跟塞尚有些类似的是，莫奈跟他的模特卡米尔相爱了，不久，卡米尔便怀上了他的骨肉。莫奈的父亲知道儿子竟瞒着他在外生了私生子，非常生气，一怒之下断了给他的资助，并命令他立即回到勒阿弗尔。莫奈生活费被切断，只好返回家去，卡米尔独自在巴黎诞下了儿子，这无疑令莫奈很郁闷。尽管父子之间僵硬的关系随着时间渐渐缓和了些，父亲又开始给莫奈少量的资助费，但搞艺术需要耗费大量金钱，更何况莫奈还要养活卡米尔和刚出生的孩子。莫奈一筹莫展，只得频繁向朋友们借钱，幸亏他人缘不错，总算挺过了难关。

莫奈顶着巨大压力，在经济十分拮据的情况下仍坚持创作。1869 年，他将作品送去参展，等来的结果却是再度被拒。莫奈沮丧之极，据说竟一时想不开跳进了塞纳河。但他很快意识到自己的行为太鲁莽了。这时，一位画商给予了他一笔津贴帮他渡过难关，令他重燃起创作的热情。

“印象”这个词还不错

1869 年，普法战争一触即发。莫奈是个老兵，是征兵的优选对象。可他只想画画，不想当兵。为了免除当兵义务，1870 年，莫奈冒着与家人决裂的代价跟卡米尔结了婚，因为已婚男人是最后被征用的——当然，他和卡米尔原本就打算结婚的，只是这会儿又多了一个合理的理由。当普法战争爆发时，莫奈携妻儿前往英国避难，在伦敦住了一年。1871 年秋天回到法国时，他在巴黎郊外的阿让特伊镇住了下来，又一心投入到了绘画中。

此时，莫奈已形成自己的创作理念：画自己看见的，而非“知道”的。

这是什么意思呢？

在莫奈看来，创作过程中不要去想呈现在你眼前的是一棵树、一座房子、一朵花或别的什么东西，也不要理睬它们应该是怎么样的；只要想象摆在你眼前的是一个蓝色的正方形，还有粉红色的长方形、黄色的条纹，看见什么就画什么。

莫奈根据他自己的理念创作了一些作品，当然，这些作品是不可能得到官方沙龙承认的。

怎么办？那就靠自己吧！

一而再再而三地被官方沙龙拒之门外的遭遇刺激了莫奈。受评论家保尔·亚历克西的启发，莫奈联合那群跟他有着同样遭遇的艺术家们——这群愤愤不平的年轻人对官方沙龙的展览制度极为不满，他们因共同的追求聚到了一起，常常在巴黎一家名为盖尔布瓦的咖啡馆里交流意见——一起成立了一个不听命于官方学院组织、可以自由描绘自然和日常生活的艺术家团体，并取名为“无名油画家、雕塑家、版画家协会”（以下简称“无名艺术家协会”）。

1874 年，由“无名艺术家协会”成员集资联合举办的第一届沙龙在巴黎开幕，莫奈共有 4 件作品在这次展览中展出，其中就有他的名作《日出·印象》。

《日出·印象》创作于 1872 年，描绘的是莫奈的故乡勒阿弗尔港口日出的景象：清晨的薄雾尚未散去，红彤彤的太阳从东方升起，被映红的朝霞布满天空，光芒照耀着海面，粼粼波光跳跃不止，近处的小渔船在水面荡漾，远处港口的建筑、船的桅杆等都笼罩在雾气中，若隐若现。莫奈用了与传统完全不同的画法，他的画中看不到细节，物体的外形轮廓完全被打破，物象与周围环境融合在一起，只剩下一片光与色构成的模糊世界和一片海上日出的总体印象。

这幅画画完之后，莫奈并未马上给他命名。后来因为参加展出时要做目录，沙龙的参与者之一——雷诺阿的兄弟希望莫奈能给这幅画起一个漂亮的名字，莫奈就说："那就叫'日出·印象'吧。"

《日出·印象》在展出时引起了轰动，而且这个刻意模糊不清的构图给美术评论家路易·勒鲁瓦留下了深刻印象，他在评论中借用

莫奈《日出·印象》

了“印象”一词，嘲笑莫奈和他的朋友们“只不过是印象主义”，还讽刺莫奈的《日出·印象》——“毛坯的糊墙纸还要比这幅海景更完整”。勒鲁瓦原本只是想借用“印象主义”挖苦一下这群自以为是的青年画家，不料却无意中说出了他们的精神内核。从此以后，这群青年画家便被业内人士戏谑地称为“印象派”。印象派的一些成员，如马奈、德加很不喜欢这个称呼，不过莫奈却很喜欢“印象”这个词，因为它捕捉到了他在绘画中所追求的：及时留下一瞬间的印象。

“原色”创造的真实世界

虽然马奈被视为印象派创始人，但莫奈才是印象派真正的主心骨，同时也是印象派绘画技法的集大成者，并且始终如一地追求着他最初的创作理想。

在莫奈看来，描绘大自然的画作必须在现场完成。为捕捉自然界中瞬息万变的光与影，莫奈坚持不在室内作画。他把画室设在一条小船上，当他需要画室外风景时，他就乘坐小船到河上去、到湖上去，然后将优美动人的景色用颜料快速地记录下来。

不得不承认，锡管颜料的发明为印象派画家快速创作提供了便利。在此之前，画家们用的颜料是一些放在袋子里的粉状颗粒，需在绘画前先研磨，并加上一些其他材料调配好才能使用。而锡管颜料具有轻巧易于携带的特点，绘画时将其挤出便可直接使用，这使得快速作画成为可能。

不过，纵使有了锡管颜料，要快速将转瞬即逝的景象描绘下来也并不容易。为了记录下景象的整体效果，包括莫奈在内的印象派画家根本来不及顾及对细节的表现，也来不及细致地调色，他们常常直接用未经混合过的原色作画。因为这一层缘故，印象派的用色方式也被后世称为“原色主义”。

莫奈创作于 1873 年的《罂粟花》便是使用原色作画的典范。红、黄、橙、蓝、绿等色彩的小笔触通过有序的排列，构成了占据画面三分之二的绿草红花掩映的草坡，一些本该调和的色彩只是被并列地排在一起，而当观者与画面保持一定距离时，这些事实上未经调和的色彩会因反光而被人眼调和到一起，同时又仍保持着鲜明。莫奈的这一用色技巧，使得《罂粟花》色彩明亮，天空、草叶、花朵、阳伞、人物的衣裙……几乎每个微小的局部都闪耀着明媚的阳光。

莫奈是表现光影的高手，他在这方面的技巧可以说达到了炉火纯青的境界，很难有人与之匹敌。不光如此，他还十分擅长处理运动中的形象。如创作于 1878 年的《蒙托尔热街》，表现的是这一年的 6 月 30 日，巴黎人民在街上欢呼、庆祝的热闹场面，莫奈用随意洒脱的笔触将红、白、蓝等厚重的颜料涂抹于画布上，近看只有大大小小的笔触，根本看不出物象的具体细节；但站在一定距离之外，便可以分辨出开阔的天空下舞动的三色旗和密密麻麻的民众，整幅画所呈现出的热闹、壮观的气势扑面而来，令观者仿佛可以感受到那日挂满红白蓝三色旗的蒙托尔热大街在阳光照耀下的温度，可以听见人们狂欢时发出的叫喊和大街上喧闹的声响。

莫奈的画笔是抽象的，它带给观者的印象却非常“真实”。

吉维尼的干草垛

1876年，印象派的第二次画展在丢朗·吕厄的画廊举行，作为“无名艺术家协会”的主心骨，莫奈当然也参加了此次展出。

这一年是莫奈的幸运年，在展览上，莫奈的油画作品《穿和服的卡米尔》以2000法郎的高价售出，莫奈也算是发了一笔小财。不仅如此，莫奈还结识了欧内斯特·贺谢德，此人是法国一家百货公司的合伙人之一，非常富有，他很欣赏莫奈的画，是莫奈的重要赞助人之一。

可惜好景不长，不久法国发生经济危机，艺术市场行情十分低迷，莫奈的作品无人问津，他马上又回到了借钱度日的境况。而莫奈的新赞助人此时也不太顺利，欧内斯特遭遇了生意上的失败，丢下妻儿独自逃到比利时去了。在危机发生之前，莫奈一家与欧内斯特一家走得很近。如今欧内斯特跑了，莫奈不忍对他无依无靠的妻儿不管不顾，便邀请他的妻子爱丽丝和她的孩子们搬到维特伊一个偏远的村庄里，跟自己的妻儿同住。

祸不单行，就在莫奈因卖不出画而一筹莫展时，妻子卡米尔得了癌症。幸亏有爱丽丝料理家务、帮忙照看孩子们，否则莫奈恐怕不知该如何才能熬过那段凄苦的日子。

在卡米尔弥留之际，莫奈忍着内心的悲痛画下了《临终的卡米尔》。画面上，卡米尔表情安宁祥和而面色晦暗，很难想象她就是三年前那个穿着和服，性格活泼、面色红润的女子。而画布上大面积的冷色调，表达的正是当时莫奈的心情。

1879年秋，卡米尔病逝了。这年冬天，莫奈陷入了人生低谷。

爱丽丝很体贴地照顾着他，两颗孤寂的心灵互相慰藉，据说他们成了情人。

不久，法国经济复苏，莫奈的赞助人欧内斯特回来了。而此时，印象派画家之间却产生了裂痕，在1874年到1886年的8次印象派画展中，莫奈缺席了3次。1880年，莫奈将自己的两幅作品送交沙龙，此举被德加斥为变节，但在莫奈看来，恰恰是别的画家偏离了印象派最初的绘画宗旨，他是为坚持初衷才拒绝参加印象派画展以示抗议的。

1883年，欧内斯特一家搬到了吉维尼一个小村庄居住，莫奈也随之搬了过去。他从此一直居住在吉维尼，直到去世。

在吉维尼，莫奈创作了以干草垛为题材的系列组画，有夏日里绿

莫奈《雪和太阳影响下的干草垛》

树衬托下的干草垛，有冬季白雪茫茫中的干草垛，有被正午的阳光照得明媚耀眼的干草垛，也有清晨或傍晚时分在地面投上一道长影的干草垛。这些不同季节、不同时间的干草垛是莫奈光与色的表现技巧的集中展示。1891 年，当 25 幅《干草垛》在画廊集中展出时，观众大受震动。

此时莫奈刚过 50 岁，对一个画家来说正值年富力壮的创作旺盛期。《干草垛》系列的成功使莫奈受到鼓舞、信心大增，继而又创作了白杨树系列、鲁昂大教堂系列、英国议会大厦系列等油画作品。

最后的睡莲

1891 年，莫奈的赞助人欧内斯特亡故了。莫奈和爱丽丝静悄悄地结了婚。因为有能干的爱丽丝打理家务，莫奈得以专心从事创作。

此时，莫奈的经济状况大为好转，已有能力买下宅院和花园。步入晚年的莫奈忽然爱上了园艺，他先建造了一个用来栽花的温室，后来又从埃普特河引来水，在花园里开出一片池塘，池塘上架起一座日式小桥，池塘边栽了许多垂柳和漂亮花卉，池塘里栽种了许多睡莲——俨然一座风情万种的水上公园。从此，这个水上公园成了莫奈的灵感源泉，他以此为对象创作了许多风景画，其中最为有名的，当数《睡莲》。

《睡莲》是莫奈一生中最为庞大的组画工程，共计 250 幅之多，这些画作是莫奈在人生的最后二十几年中陆陆续续完成的。为将全部心力投入创作，莫奈甚至拒绝了法兰西学院提供给他的席位——此时他已是吉维尼的名人，是享誉法国画坛的知名画家。

莫奈《睡莲》

1911 年，莫奈再度丧妻。1914 年，第一次世界大战爆发，德军的前线距离吉维尼已不到 40 公里，莫奈还在这年遭遇了丧子之痛，他的视力也开始急剧恶化。但这一切都没能阻断莫奈进行绘画创作。尽管视力受损，莫奈的绘画技法此时却达到了炉火纯青的境界。

莫奈很少在作画时使用调和油。他反复探索各种上色技法，有时使用湿润的平行笔触，使色彩均匀柔和地融合在一起，有时则用许多小而厚重的笔触来表现起伏不平的水波，有时会很耐心地等待上一层颜色干透再接着画，当画笔画过底子不平的画面或原先笔触较厚的位置时，不连贯的色条与周围色彩相互映衬，会呈现出一种颤动感，效果异常生动。

有趣的是，当后人为莫奈画作中的色彩拍案叫绝时，它们却偏偏是偶然的产物。原来，莫奈视力下降是因为得了白内障，眼疾使他几乎看不到光谱中的蓝色部分，因此把大量物体都画成了红色和黄色。八十多岁时，莫奈终于接受医生的建议做了白内障手术，术后几个月他的视力没有完全恢复，蓝色大量涌现，以至于又看不到红色了。眼疾大大影响了莫奈的创作，甚至一些人开玩笑说，莫奈的画之所以那么印象主义，那么模糊朦胧，纯粹是因为他得了眼疾、几乎失明。

不过，不论是有意为之，还是无意为之，莫奈终在有生之年成了大师，在晚年时被外界称赞是“法国现存最伟大的艺术家”。1926 年，86 岁的莫奈在吉维尼的家中去世。莫奈一生始终如一地坚持以印象派技法创作，并将之发展到极致，堪称印象派最典型的人物。

真正的自然派画家

——雷诺阿

画家: 皮埃尔·奥古斯特·雷诺阿（Pierre Auguste Renoir, 1841—1919）

国籍: 法国

代表作:《煎饼磨坊的舞会》

类型: 油画

艺术风格: 印象主义

枫丹白露的幸福日子

法国中部有一座名叫利摩日的古城，在中世纪时曾是法国西部的宗教中心。18 世纪后，这里以陶瓷器等工艺精品的制造闻名于世，被称为法国的“陶瓷之都”。这座“瓷都”是印象派画家雷诺阿的故乡，而彩瓷匠，正是雷诺阿的第一份职业。

雷诺阿是一对穷裁缝夫妇的儿子，出生于 1841 年，在家中排行老六。后来，他随父母迁居巴黎，13 岁时进入一家彩瓷工厂当学徒，他的工作是以最快的速度在瓷器上画上花朵——正是在彩瓷工厂，雷诺阿开始了自己的绘画生涯。此时的雷诺阿，或许并没有想过自己日后将取得怎样的成就，但看得出，他是个有追求的少年，当一名优秀的彩瓷匠并非他的理想，他的理想是当一名画家。雷诺阿常常一有闲暇就去卢浮宫临摹鲁本斯、华托等古代画家们的杰作。

1861 年，当了 8 年彩瓷匠的雷诺阿存下了一笔钱，于是他辞去工作，进入夏尔·格莱尔的画室正式学习绘画，跟莫奈、西斯莱等人成了同学。格莱尔教授的是传统的绘画技巧，不过他为人宽厚，并不限制学生对不同风格艺术的追求。当时，法国巴黎的画家们深受外光派影响，纷纷走出画室去户外写生，雷诺阿也不例外。在巴黎郊外的枫丹白露森林里，常可见到他与他的好友们拿着画笔临摹大自然的身影。

据说，当时枫丹白露森林边上有一个名为马洛特的村子，这个风景优美的村子里有一家客栈，名叫“安东尼妈妈的酒店”。1865 年，已离开格莱尔画室的雷诺阿和莫奈等人到枫丹白露写生时，就常常投宿于此。在客栈里，雷诺阿认识了一个名叫朱尔·勒科尔的富家公子，虽然两人贫富悬殊，却非常投缘。当时，雷诺阿放弃彩瓷匠的工作一心学画，没有收入来源，生活非常穷困，于是常去朱尔家借住。正是在朋友家，雷诺阿结识了漂亮的少女莉丝·特雷厄。

莉丝是朱尔的妻妹，跟雷诺阿认识时才 17 岁，她可爱活泼，圆润的鹅蛋脸上长着一对炯炯有神的大眼睛。雷诺阿跟莉丝很快坠入了爱河，莉丝既是雷诺阿可爱的恋人，也是他理想的模特，他们一起在枫丹白露幸福地生活了 7 年之久，其间，雷诺阿以莉丝为原型画下了许多画作，如《撑阳伞的莉丝》《正在缝纫的莉丝》《夏日习作》等等。

这一时期的雷诺阿虽贫穷却幸福，莉丝带给他的不仅是爱情，还有好运。1868 年，当雷诺阿的作品多次被拒之后，《撑阳伞的莉丝》一画终于被一个沙龙接受了。此时雷诺阿正处于艺术探索的初期，其

雷诺阿《夏日习作》

作品虽尚未形成自己的特色，但甜美的画风已略见雏形。

可惜好景不长，不久普法战争爆发，雷诺阿没有像莫奈一样移居国外，而是加入了法国骑兵队。战后的他经济更为拮据，以至于不得不光顾当铺，并经常被迫搬家。

不知是悲惨的现实境遇令两人感情生变，还是这位期待爱情能开花结果的姑娘厌倦了这段长跑式的恋情，1872 年，在雷诺阿结识莉丝的第七个年头，莉丝突然离开雷诺阿，并嫁给了姐夫朱尔的一个建筑师朋友。七年的感情付之东流。雷诺阿将最后一幅莉丝的肖像亲手送到了这位曾经的恋人手中。从此，他们再也没有见过面。

“痛苦会过去，美会留下”

雷诺阿曾说：**“痛苦会过去，美会留下。”**

19 世纪 70 年代，失去爱情的雷诺阿将全部心力投入在绘画上，绘画风格渐臻成熟。他没有因莉丝的离去而改变对生活的看法，而是始终热衷于女性形象的创作。他笔下的女孩子宛若生活在伊甸园里未尝禁果的夏娃，充满纯真与甜美，不知人间疾苦。

“为什么艺术不能是美的呢？”雷诺阿曾如此问道。

现实中丑陋的事情已是太多，在画布上表现自己希望看到的，将自己渴望得到的美好通过画布呈现给别的人，正是雷诺阿的创作理念。雷诺阿虽长着一双忧郁的眼睛，内心却充满了光明及对生活的热爱，也充满了对女性的脉脉温情。

1876 年，35 岁的雷诺阿怀着对生活与艺术的热爱，画出了名作《煎饼磨坊的舞会》。

《煎饼磨坊的舞会》又名《红磨坊的舞会》，画的是位于巴黎蒙马特高地的一处社交场所的景象。这是一座大型的室内舞厅，外面的庭院空间广阔、绿树成荫，人们可在这里跳交谊舞，也可随便找个地方坐下来喝点饮料、谈天说地。雷诺阿常跟朋友们来这个地方聚会，对这里人们的谈笑、舞蹈、饮酒的场景十分熟悉，也深深被那些随着欢快的音乐翩翩起舞的人们所吸引。他仔细观察着这些人的表情、神态和动作，愉悦地欣赏着他们带给他的美感与友好的表示。但最令雷诺阿沉醉的，是他在人们的舞步中发现的另一种节奏：明媚的阳光通过密集的树叶倾泻下来，照射在花园的地面和舞者身上，使得色彩十分鲜亮，耀眼的色彩随着舞者的步伐有节奏地跃动，令人目眩神迷，产生出一种梦幻般的感觉。

雷诺阿决定将这种迷人的感觉画下来；并且他发现，描绘巴黎人的真实生活，这将是一个不同于以往画家们所表现的崭新的主题。不过，雷诺阿不想仅凭着印象在画室里闭门造车；比起室内创作，他更喜欢享受在大自然中感受真实的美好，也因此被称为“真正的自然派画家”。《煎饼磨坊的舞会》就是雷诺阿携带画具亲临现场写生，而后根据写生稿在画室加工完成的一幅作品。

在《煎饼磨坊的舞会》中，雷诺阿画的许多人都是他的朋友——前景围在桌边的是珍妮和她的妹妹卫斯哲尔、评论家利裴伊尔和画家布兰克等人，后面跳舞的人中有雷诺阿的画友马尔克和西班牙画家嘉尔迪纳斯等。为创作《煎饼磨坊的舞会》，雷诺阿在非周末时间将这些朋友请来给他当模特，他让他们反复摆出同样的姿势，并努力跟他们沟通，确保一切都在正确的位置、每个人都流露出他想要的表情。此外，由于画幅宽大——这幅画宽 1.75 米，高 1.31 米，作为一幅布面油画尺寸已是很大——雷诺阿的朋友们有的每天帮他将宽大的画布、画材等画具从画室搬运到作画现场，有的则为他在煎饼磨坊的舞会附近四处奔走，以找寻一间价格实在又安静的画室。总之，创作《煎饼磨坊的舞会》并不容易，雷诺阿和他的朋友们为此付出了很大心血，但一切都是值得的——《煎饼磨坊的舞会》十分成功，它不仅画出了雷诺阿想要表现和传达的东西，还使雷诺阿成为那个时代第一个用如此大的画幅来描绘巴黎人日常生活的画家。

《煎饼磨坊的舞会》就像一座丰碑矗立在雷诺阿 35 岁的人生道路上，成为雷诺阿个人画风渐臻成熟的标志。1877 年，当这幅画在沙龙展出时，它被画家兼收藏家古斯塔夫 · 凯尤伯特一眼相中并纳为私人收藏。

雷诺阿《煎饼磨坊的舞会》

新的尝试

19 世纪 70 年代，是雷诺阿作为印象派画家的创作巅峰时期，这一时期，除杰作《煎饼磨坊的舞会》之外，雷诺阿还画出了《包厢》《浴女》《阳光下的裸女》《秋千》等优秀作品。雷诺阿的作品总是充满明媚的阳光，画中的女人和儿童充满纯真与欢乐，传达给人一种愉悦的气氛。或许正因如此，雷诺阿成了印象派画家中第一个受大众欢迎的人。

在完成《煎饼磨坊的舞会》的创作后，雷诺阿结识了夏尔潘蒂埃夫妇。夏尔潘蒂埃经营着一家大型的文学出版社，而他的夫人则主持着当时社交界极有名的沙龙，许多知名政治家、画家、文学家都是她沙龙的常客。雷诺阿的作品《钓鱼人》在拍卖会上被夏尔潘蒂埃夫人购得，此后，他便常去参加夏尔潘蒂埃夫人组织的沙龙，还受夏尔潘蒂埃夫人之托，为她和她的孩子们画下了五幅精美的肖像画。创作于 1878 年的《夏尔潘蒂埃夫人和她的孩子》就是其中一幅，雷诺阿在这幅画中以纯熟细腻的笔法描绘了具有贵族气质的女主人和两个无拘无束的可爱的小女孩。不过，既要讨好委托人又要让画作不失其艺术价值并不容易。尽管雷诺阿已经尽力调和两者的关系，这幅肖像相比他的其他画作仍少了些许东西，这些东西，就是雷诺阿在无拘无束的创作条件下所施展出来的充满真挚感情并独具个人风采的才华。好的一面是，《夏尔潘蒂埃夫人和她的孩子》这幅画在次年的官方沙龙中大获成功，雷诺阿因此得到了 1000 法郎酬金，这对贫困的他来说简直是天降甘霖。

经济状况有了改善之后，雷诺阿开始了梦寐以求的旅行，他去了诺曼底海滨，去了阿尔及尔，还去了学画之人都想造访的意大利，在

雷诺阿《夏尔潘蒂埃夫人和她的孩子》

罗马、威尼斯、佛罗伦萨、那不勒斯等地都留下了他的足迹。旅行断断续续，其间，雷诺阿一直坚持创作，并画出了他的另一幅杰作《游艇上的午宴》。这幅画画面甜美明丽，以一种全新的生活气息和自然的面貌一扫学院派的沉闷和刻板。

与此同时，雷诺阿的感情也有了着落。他遇见了艾林·夏里戈，这个姑娘跟莉丝一样，有着圆圆的脸蛋和甜美的长相。她起初是雷诺阿的模特，后来成了雷诺阿的情人。《游艇上的午餐》中那个抱着一只黑色小狗的女子就是艾林，雷诺阿创作于 1883 年的《乡村之舞》中那个充满纯真与欢快神情的女子也是她。1885 年，雷诺阿和艾林的第一个孩子出生。可是，当时已有一定名气和社会地位的雷诺阿却碍于艾林女裁缝的身份，一直不敢向朋友公开他和艾林的关系。直到 1890

雷诺阿《游艇上的午餐》

年，年近五旬的雷诺阿才跟艾林正式结婚，并公开了两人的关系。

雷诺阿的生活和事业都迎来了上升期，尤其是画商杜朗·鲁耶的出现，更为雷诺阿带来了好运。杜朗·鲁耶是个极有眼光和远见的画商，他坚信印象派画风终有一天会引领时代风潮，于是开始定期向雷诺阿购买画作，这大大改善了雷诺阿的生活。不仅如此，1886 年，正是在杜朗·鲁耶的运作下，雷诺阿的 38 幅作品得以在纽约画展中展出，这对雷诺阿国际声誉的形成十分关键。

然而就在这个时期，雷诺阿突然放弃了印象主义。他在印象派技法的探索上遇到了瓶颈，而意大利之行更令他感到继续坚持印象主义没有出路。他曾在后来沮丧地回忆那段岁月里的感受：**“愈是钻研印象派的技法，愈是觉得自己走进了死胡同，渐渐地不知道自己该何去何从！”**

雷诺阿遇到了艺术上的危机，在这个危机面前，他将艺术追求又重新转回到了最初的古典主义。当他在意大利见到拉斐尔的画作时，他由衷地发出感慨：**“真是妙极了，我早该看到它们！”**

《游艇上的午餐》成了雷诺阿青年时代追求纯粹的印象主义的最后一幅作品。此后，他的画风发生了转变，他不再继续专注于对光影效果的表现，画风趋向于平实，但他画中的真挚情感依旧，纯真美好的气氛依旧，只是跟年轻时相比，雷诺阿后期的作品中的人物更趋饱满、成熟。

进入 19 世纪 90 年代后，雷诺阿已然成为享誉世界的印象派大师，他的作品在画展和拍卖会上大受欢迎，还被收进卢浮宫，跟那些他曾经崇拜的巨匠们的杰作挂在一起，他本人也被法国政府授予了“荣誉骑士勋章”。

晚年的雷诺阿饱受关节炎的折磨，但仍坚持坐在轮椅上作画，其一生勤勉不辍，直至 1919 年冬病逝。

充满狂想与古怪气质的象征主义大师
——雷东

画家： 奥迪隆 · 雷东（Odilon Redon，1840—1916）

国籍： 法国

代表作：《独眼巨人》

类型： 蛋彩

艺术风格： 象征主义

看云的少年

在 19 世纪后期的法国画家中，奥迪隆 · 雷东是非常特别的一个。当时印象主义大行其道，但雷东的作品却表现出与之完全不同的气质与风格。在绘画上，雷东画的不是眼睛所见，而是心灵所悟，他的画作充满了各种离奇古怪的形象和梦幻般的感觉，被法国作家于斯曼称为“病和狂的梦幻曲”，而他本人也被称为“画坛的马拉美”。

作为法国象征主义绘画的代表人物，雷东的童年经历对他的创作影响深远。

雷东的父亲贝特朗 · 雷东是法国波尔多人，年轻时曾去美国路易斯安那淘金，变得十分富有，并在那里娶了一个黑白混血的女子为妻。在雷东的印象中，父亲安居乐业，拥有许多“黑奴”，个性傲慢专横，总是充满威严。但雷东并非出生于美国，在他出生前，他的父母回到了波尔多定居。童年时的雷东由于身体孱弱，很小便被送到波尔多郊外的保姆家寄养，后来又被一个叔叔收养，他们生活在一座家族庄园里，那里荒凉、阴郁的气息令雷东印象深刻。回想起那段岁月，他曾说：**“松树不断发出沙沙的悲鸣……路过的牧羊人无不面色阴沉如死者，他们低头看着道路，好像对自己和这片土地都已失去了希望……”**

正是这样的童年经历，使得雷东的神经敏感而脆弱。既没有父母在身边也没有兄弟姐妹陪伴的忧郁少年在孤寂中度过了整整 11 个春秋。11 岁时，雷东终于回到了父母身边。他的父亲虽然威严却很爱他，常向他描摹天上云彩的形状。雷东爱上了这大自然的奇妙，他会花上几个小时甚至一整天躺在草地上看天上的云。云彩的移动变幻令他着迷，同时也在不知不觉间打开了他想象中的那个世界——这个世界从此一直存在于他的内心，直到他离开人世。

雷东上学较晚，却是个天生的画家，11 岁时他的作品就得了奖，而那个时候他还不识字。这个腼腆的男孩热爱绘画，将课余的空暇时光都投入到了绘画上。他的绘画启蒙老师对他很关注，并告诫雷东一个艺术家是不该允许自己的任何一笔画没有头脑和心灵的介入的。这一教诲令雷东铭记终生。

雷东的父亲希望他能当一名建筑师，可雷东对建筑兴趣不大，最终未能通过考试。不过，学建筑并非毫无益处，用雷东自己的话说，这段经历使他**“能够对现实的和虚幻的图像进行排列，从而给予我的想象力以逻辑感”**。

黑色时期

当知道儿子无望成为一名建筑师后，雷东的父亲决定放任儿子去追求自己的理想。于是，24 岁的雷东从波尔多来到巴黎，拜在学院派著名画家让·莱昂·热罗姆门下学艺。但让·莱昂·热罗姆这个因描绘埃及和近东风土人情而名噪一时的画家跟雷东彼此却不对胃口，在忍受了一年的打击和折磨后，雷东拂袖而去。他回到了波尔多，并在故乡结识了在他看来“既高贵又普通”的布雷斯丹。

布雷斯丹比雷东年长 18 岁，是一位优秀的现实主义版画家，他将毕生精力都投入到铜版画和石版画的创作中，其作品运用写实的表现手法，技法极为精湛，绘画内容则充满狂想与异域情调，气质古怪，令人不易理解。布雷斯丹的版画颇受雨果和波德莱尔等作家的欣赏，却不被普通观众所理解。他一生贫寒，年老时甚至沦落到在凯旋门打扫卫生的悲惨境地，令人唏嘘！

布雷斯丹是一个好老师，他不光传授给雷东版画的制作技巧，还十分尊重雷东自己的创作见解。他告诉雷东“你的想象就是艺术”，而不像热罗姆那样习惯将自己的观念强加给学生。雷东对布雷斯丹心存感激，他将自己第一幅版画作品《浅滩》署名为“雷东，布雷斯丹的学生”，以此来表达对老师的敬意。

1870 年普法战争爆发，雷东跟许多热血沸腾的法国青年一起投身到了抗击普鲁士入侵的战役当中。然而他后来感到战争是没有意义的，不过战争留在他内心的阴影却从此挥之不去。

战争结束后，当雷东回到画室，他开始用炭笔或铅笔来画画，后来则专注于版画，创作了一系列精彩的版画作品。其间，他从文学和神话中获得灵感，执拗地使用黑色描画长着人脸、流着泪的蜘蛛，画长着翅膀和尾巴的魔鬼拿着一颗人头飞过昏黄的天空，画有着石头般坚硬质地的盛放在盘子里的人头，画从天际掠过的巨大的眼球……画中形象离奇古怪，充满阴郁、恐怖与死亡的气息。

在雷东看来，黑色来自他内心深处最隐秘的角落，是最为本质的色彩，而他在画中描绘那些魔怪幽灵，**“唯一目的是向观众展示一个在黑暗中的未知的世界”**。

雷东画中的黑暗世界不只是画家天马行空的想象。他真实经历过孤寂的童年、阴郁荒凉的庄园、残酷的战争、战后动荡的时局和艰难的生活，以及 1886 年第一个孩子出生后不久就夭折带给他的巨大伤痛，这些都令他比那些处境顺遂的画家更接近那个黑暗中的世界。雷东曾说：**“艺术家与业余爱好者之间的区别在于，前者通过艺术表现他所经历过的真正的痛苦，而后者只是在艺术中寻求愉悦。”**

当然，影响雷东创作的还有一些其他的思想。他崇敬荷兰绘画大师伦勃朗、西班牙艺术大师戈雅及与他同时代的作品颇具魔幻色彩的古斯塔夫·莫罗，他喜欢优美神奇的故事和传说，也喜欢福楼拜的小说、象征主义诗人马拉美的诗歌——这些都影响着他的创作。

色彩的爆炸

画家也是寻常人，生活中的某些事件对他们的创作有时会起到决定性作用。50 岁是雷东的人生分水岭——在 50 岁之前，雷东沉迷于黑色带给他的具有神秘色彩的世界，而 50 岁之后，他突然放弃

雷东《一束野花》

了黑色，继而开始大量使用红色、蓝色、橙色、黄色等明亮而鲜艳的色彩。

雷东画风的突然转变跟他生活处境的变化不无关系。1889 年，就在雷东即将迎来他 50 岁生日的那个春天，他的第二个儿子阿里降生了。新生命的到来就像一道曙光照亮了雷东的生活，将他从黑暗的世界里带了出来。雷东的人生也迎来了春天，百花盛开的春天，他的内心充满欢欣与愉悦，这样的心情与他曾经热衷的黑色已然不符。

此时，雷东感觉到该为过往的生活打上句号了。他选择让黑暗留在过去，伸出双臂拥抱充满光明和色彩的未来。蛋彩、粉彩、油彩、色粉笔成为他作画的主要工具，他的作品中开始出现大片的红色、蓝色、黄色、绿色、紫色等色彩十分艳丽的颜色，黑色却变得不易寻见。用他自己的话说：**“我和炭笔画的缘分走到了尽头……我已经和色彩结下了姻缘。”**

伴随雷东作画的工具转变的，是他作画的题材的改变。

雷东迷上了花。晚年的他画了大量的花束，各色野花插在形态各异的花瓶里，它们生机勃勃，能令人感受到愉快的气氛。

当然，他依然从神话故事和文学作品中寻找创作题材。虽然黑色和阴森恐怖的气息离雷东而去，他一贯的梦幻与神秘的特色却被保留了下来，他的画作具有强烈的象征主义色彩。

如《独眼巨人》，这幅创作于他转型时期的板面油画取材于一个古希腊神话，画中的独眼巨人从地下爬出，用仅有的一只眼睛窥视着地层中的一个裸体女性，令人感受到原始欲望的巨大力量。

再如他创作于20世纪初的粉彩画《菩萨》，整个画面宛若幻境，充满神秘色彩，已经完全不是人们眼睛所能见到的世界，而纯粹来自想象。

到了20世纪初，未来主义、野兽主义、立体主义开始引领时代风尚，成为当时的潮流。此时，沉浸在幸福中的雷东却无视种种主义，他像一个忘记回家的孩子，只沉浸在自己那闪耀着光芒、色彩夺目缤纷的世界里，用各种形式、各种色彩创作着他那些如梦如幻、只可意会不可言传的画作。其中，布面油画作品《阿波罗战车》是他晚年作品的典型代表。

雷东曾说：**“在现实世界里他（艺术天才）别想期待任何东西。他赤裸地来到这世上，没有母亲为他准备襁褓。不论年纪大小，只要他敢向公众展示出他那独特的艺术之花，他就会立刻遭到所有人的唾弃。因此，要做个艺术家，你就得准备好甘于寂寞，有时甚至是与世隔绝。”**

这段话好似雷东一生的总结，童年时他饱受孤寂，成年后亦因其创作不合潮流而被世人冷落。幸运的是，远在大洋彼岸的美国人却对雷东格外欣赏——他们邀请雷东参加了现代艺术史上颇为重要的1903年的纽约画展。在雷东去世52年后的1968年又为他在纽约古根海姆博物馆举行了画展，使得这位生前寂寞的大师终为世人所知。

雷东《菩萨》

法国象征主义的首领

——高更

画家：保罗·高更（Paul Gauguin，1848—1903）

国籍：法国

代表作：《我们从哪里来？我们是什么？我们到哪里去？》

类型：油画

艺术风格：后印象主义

月亮和六便士

1919年，英国小说家威廉·毛姆创作了一部名为《月亮和六便士》的小说，他在小说的开头如此写道：**“老实说，我刚刚认识查理斯·思特里克兰德的时候，从来没注意到这个人有什么与众不同的地方，但是今天却很少有人不承认他的伟大了……你可能不喜欢他的艺术，但无论如何你不能不对它感兴趣。他的作品使你不能平静，紧扣你的心弦。”**

在《月亮和六便士》中，毛姆所写的查理斯·思特里克兰德是这么一个人：他原本有个漂亮的妻子和一对可爱的儿女，还有一份收入颇丰厚的体面工作，但他对艺术突然着了魔，于是放弃工作、抛妻弃子地跑到异国他乡去追求艺术，以至于妻子怀疑他有了外遇。一心追求艺术的思特里克兰德却无人欣赏，只有一个心地宽厚但才能平庸的画家戴尔克·施特略夫将他奉若神明。然而思特里克兰德却恩将仇报，因与施特略夫的妻子私通而令这位尽一切努力帮助他的朋友分外伤心。思特里克兰德不受任何拘束，他四处流浪，最终来到塔希提岛生活、画画，还娶了土著姑娘爱塔为妻。最后，这个个性极强、性格古怪的孤独天才因感染麻风病病逝，去世前一年双目失明，曾在自己的住处画下令人震撼的壁画。他去世之后，妻子爱塔依照他的遗言焚毁了那间画着壁画的屋子，伟大天才思特里克兰德和他所创造的奇迹统统化成了灰烬。

毛姆曾造访塔希提岛，法国印象派画家高更的故事触动了他，回欧洲后，他创作了小说《月亮和六便士》，主人公查理斯·思特里克兰德的原型就是高更。尽管小说中的人物与高更的一生不尽相同，故事情节存在大量虚构与杜撰，但其命运的主线却与高更相仿。随着《月亮和六便士》在欧洲畅销，高更的传奇人生也受到了世人的关注。

1848 年 6 月 7 日，高更出生于法国巴黎，他的父亲克洛维·高更是一名新闻记者，外祖母弗洛尔·特里斯出生在秘鲁，是法国最早一代的女权主义者。高更出生时法国社会充满动荡，因路易·波拿巴上台后对反对派的镇压，高更一家迁往秘鲁，途中父亲病故，高更只得由祖父收养。数年后祖父也去世了，高更全家迁回法国，定居奥尔良。青年时代的高更当过水手，并在服兵役期间随舰参与过普法战争。1871 年，23 岁的他进入巴黎一家证券交易所工作，两年后与丹麦女子梅特·索菲·加德结婚，生活十分美满。

和许多生活富足的人一样，高更也有着一项自己的爱好，那便是绘画。在遇到画家毕沙罗之前，绘画只是高更的业余爱好，但毕沙罗改变了高更，他引领高更进入绘画世界，令高更发现自己的一生只能属于艺术世界。高更开始刻苦自学，严格执行每日作画的计划。

1876 年，高更的油画《维洛芙莱风景》在官方沙龙展出。1879 年，他在第四届印象派画展上展出了一件雕塑作品。1880 年，第五届印象派画展展出了高更的 7 件油画和 1 件雕刻。1881 年第六届印象派画展时，高更展出的作品更多，共有 8 件油画和 2 件雕塑作品。作为一名业余画家，这样的成就堪称斐然。高更在业内已经小有名气，他对绘画也投入了更大的热忱。

1883 年，高更终于下定决心为艺术献身了。他毅然辞去待遇丰厚的证券交易所的工作，当起了职业画家。由于画卖不出，却需要投入大量的金钱进行艺术创作，原本富裕的家庭逐渐变得穷困，原本和睦的夫妻关系也因此遭到破坏，高更与妻子开始发生争吵，最终高更离家出走，开始了流浪生涯。

月亮高高在上，六便士俯首可拾。高更选择了前者，他令人喟叹的传奇一生由此开启。

从多巴哥到阿尔

高更的出走并非一时头脑发热而做出的冲动决定。他曾经说的一段话或许可以用来解释他为什么要抛妻弃子、离家出走。他说：**“我是野蛮人，也是小孩。野蛮人比文明人更优秀。我的画虽然不蓄意使人震惊、让人张皇失措，但是人人看了之后，都为之张皇失措。这都是我的血液里的野蛮人性格所造成的。”**

高更年幼丧父，十几岁时又失去母亲，从小生活飘荡不定，性格孤僻、沉默寡言，外祖母是他在现实生活中十分崇敬的一个人。他非常看重他的秘鲁血统，并以“野蛮人”自居，骨子里充满对现代文明的反叛，一心想寻找一片不曾被现代文明熏染的净土。他曾与画家朋友一道在多巴哥流浪。多巴哥位于西印度群岛南端、加勒比海东部，是一座形状狭长似雪茄的小岛，据说高更在这里过着“野蛮人”般的生活，无拘无束，随心所欲。但此地终不合他的理想，他又回到法国，在西部有着玫瑰海岸和史前巨石的布列塔尼地区写生。正是在这片充满神秘气息的土地上，高更画出了《雅各与天使格斗》，白色的修女帽、黑色的道袍、红色的草地——高更所画的已非目之所见，此时的他已与一味表现自然的印象主义决裂，走向了象征主义。

后来，高更又回到了巴黎，但不久就应凡·高之邀去了位于法国南部的阿尔。他在巴黎已经穷途末路，而凡·高在阿尔为他在黄房子里准备了一个温馨的家。为布置高更的卧室，凡·高着实费了一番功夫，他刷新墙面，精挑细选每一件家具和摆件，亲自创作墙上的装饰画。在写给弟弟提奥的信中，凡·高如此说道：**“我要尽可能地把它（打算留给高更住的房间）布置得像一间有审美眼光的妇女的闺房。房间的白墙上，装饰着一大束由十二朵或者十四朵花组成的黄色向日葵。当你在早晨打开窗户的时候，就会看到花园里的树木花草与初升的太阳，进村的道路。”**

对于邀请高更去阿尔，凡·高是有着长远打算的。他想在南方设计一个画室与避难所，它不仅对高更开放，也对其他优秀的画家开放，他希望把黄房子变成艺术家们在南方创作的基地。

可是，现实远比理想复杂得多。高更和凡·高也曾有过一段“蜜月期”，一起外出写生，真诚地交流彼此的艺术心得，还共同为未来的生活和艺术理想制订计划。高更创作于1888年的《凡·高绘向日葵中》便是这段友谊的见证。

然而，没过多久，这段友谊出现了裂痕，两人开始因艺术理念不合及生活中的一些小矛盾爆发激烈争吵，发展到最后竟到了大打出手的地步——一种说法是暴怒的高更挥剑割下了凡·高的耳朵，凡·高不忍心高更坐牢而隐忍着没有揭发此事；也有一种说法是一天高更在外散步时，发病的凡·高手持匕首奔高更而去，被高更用眼神制止后他返回黄房子，割下了自己的耳朵。

没有人知道高更和凡·高之间究竟发生了什么，只知道割耳事件后，高更发电报给提奥叫他速来阿尔，随后高更离开阿尔，返回了巴黎。

初到塔希提

1890 年，凡·高开枪自杀，结束了他 37 岁的短暂人生。而对高更来说，他真正有意义的一生才刚开始——在 1889 年的万国博览会上，高更发现了爪哇美术，并萌生了对原始艺术的向往。1890 年，他已决心前往塔希提。

1891 年春，高更搭上了前往塔希提的航船，在历经整整 63 天的热切期盼后，他终于抵达了内心向往已久的地方。

塔希提，这是一座由数百万年前的海底火山熔岩堆积而成的小岛，它位于浩瀚的南太平洋上，18 世纪时开始进入欧洲人的视野。高更来到塔希提时，这座曾被描述为一个有着“高尚的野蛮人”和“维纳斯般的女人”的地方已沦为法属殖民地，熏染上了现代文明的陋习，一些从欧洲照搬过来的繁文缛节和虚假表象令高更感到有些失望。但很快，高更发现即便如此，这个民族的人仍保持着他们独有的个性，那种最接近他心中理想的野蛮人的原始与粗犷的个性，于是，他在塔希提留了下来，一住就是数年之久。

住在塔希提的日子里，高更参与国王的葬礼、拜访没落的公主，还跟土著女人蒂蝴拉同居。他努力接近当地人，让自己融入塔希提人的日常生活，同时又以一个受过现代文明熏陶的欧洲画家的身份，用局外人和旁观者的姿态观察着这里的人。

塔希提的一切令高更着迷，尤其是这里的女人。高更曾在他的手记中如此写道：“**发都河河边，聚集着男男女女，妇女们松散地坐在岩石边，蹲在水中，撩起裙摆，让河水轻抚疲惫发麻的腿，清凉着燥热的身躯。一番清凉的小憩之后，她们立即启程，返回帕皮提。她们充满魅惑，看起来十分优雅，身体散发着半动物半植物的混合香气，这是来自她们血液的味道以及头戴的栀子花的清香。看，她们多么婀娜多姿啊！她们还有着蛊惑人心的魅力。她们总是爱说：‘好香啊，好香啊！’**”

高更《两位塔希提妇女》

渐渐地，高更爱上了这里。等生活稳定一点之后，他试着工作，整理各式各样的笔记，制订相关计划。塔希提赋予了高更极大的创作灵感，他尽情地挥洒着画笔，感到如有神助——《两位塔希提妇女》《我们朝拜玛利亚》《失去童贞》《什么！你嫉妒吗？》等一系列充满异域风情、充满神秘色彩与象征主义风格的绘画由此诞生。

高更曾说：**“我离开是为了寻找平静，摆脱文明的影子。我只想创造简单，非常简单的艺术。”**

在塔希提，他实现了他的艺术理想。

重返塔希提

1893 年，高更离开塔希提，回到了法国。他为从塔希提带回来的 30 多幅画作举行了画展。本想换点生活费，结果却很不顺利。没有人理解他的艺术，曾经与他共事的印象派画家们都认为他画得太粗野、太原始，简直糟透了。只有德加为了支持高更，买了几幅他的画。

高更很快就身无分文了，又到了因为没钱买绘画材料而不得不中断创作的地步。之后一位叔父的去世让高更得以继承了一份遗产，但他很快就将这笔钱产挥霍掉了。1895 年，高更再度回到塔希提，只是今非昔比：塔希提首府帕皮提装上了电灯，留声机里笙歌不断，蒂蝴拉也已嫁作人妇。

高更失去了蒂蝴拉，不过在塔希提得到一个女人很容易，他很快又有了新妇。他继续作画，闲暇时也会给欧洲的家人写写信，虽然他一直在逃离文明，却始终不曾忘记他的孩子们，尤其是他的大女儿，

高更《塔希提牧歌》

他通过为她画肖像的方式来表达思念。

时间不知不觉流逝，此时的高更尚不到 50，身体却已走下坡路。他患上了梅毒，双腿长满湿疹，视力开始下降。离开欧洲前，高更曾委托一个朋友帮他卖画，并将卖画所得定时汇给他，但画卖得很不顺利，为了谋生，高更不得不在首府帕皮提当了一名绘图员，直到朋友帮他卖出一些画寄来钱后，他才又回到专心绘画的生活中来。

1897 年，高更遭遇了一次严重的精神危机——他心爱的女儿因肺炎病逝了。高更无法承受如此巨大的悲痛，不分昼夜地工作了一个月之久，画出了《我们从哪里来？我们是什么？我们到哪里去？》。

高更苦苦思索着人生来去的谜题，对人生产生了怀疑。他思来想去，最终决定赴死。1898 年，高更在完成塔希提手记《诺阿诺阿》后服下了大量砒霜，但竟因用量太大引起呕吐而自杀未遂。

被死神戏耍了一番的高更重新燃起生活的希望。他继续作画，并与当地土著居民并肩站在一起反抗欧洲殖民者。他曾于 1899 年自费创办了一份揭露殖民当局丑闻、批判殖民统治的报纸《微笑报》，有时投稿人少，他就自己拟多个笔名，用自己的文章填满整个版面，颇具他父亲当年的风采。

1901 年，高更离开塔希提，移居马克萨斯群岛。当时的塔希提修建了铁路，物价飙升，已经变得“太文明”，而马克萨斯群岛相比之下还比较“野蛮”，物价也较低，符合高更这个“野蛮人”的居住理想。高更在马克萨斯群岛时健康状况恶化，画画已力不从心，他将精力花在写作上，开始写回忆录，并继续为保护他心目中的最后一片净土而与殖民者抗争。

1903 年，高更因心脏病突发去世。他的一生，可以用他自己的一段话作为总结：

我开始得太迟，压力太大，
以我自己的标准来看，
作为一个艺术家，我是极度失败的。
但我认为，
我所奋斗、所争取的，却极有价值。
在我之后的画家，
甚至一些尚未出世的画家，他们欠我一份人情，
下一代的画家，当他们得到自由时，会欠高更一份人情。

沉默寡言的点彩画大师

——修拉

画家：乔治·修拉（Georges Seurat，1859—1891）

国籍：法国

代表作：《大碗岛的星期天下午》

类型：油画

艺术风格：新印象主义

当印象主义遇见新印象主义

1884 年，距离第一届印象派画展不知不觉已过去了 10 年。这 10 年间，印象派共举办了 7 次画展，不管是引起轰动还是招致嘲笑，被官方沙龙拒之门外但渴望成功的年轻画家们总算有了展示自己的平台和机会。然而印象派是一个松散组织，其成员只是因画风接近且都抱有能展出自己作品的共同愿望聚在了一起，事实上他们彼此间的绘画观念与绘画风格相去甚远，不同的绘画观念最终导致了印象派的瓦解和分裂——1886 年，这一松散的组织在举办了最后一次印象派画展后彻底解体，也催生了新的绘画流派——新印象主义。

乔治·修拉是新印象主义的开创者和代表人物。1859 年，他出生于法国巴黎的一个富裕家庭，父亲是一名精明的官员，通过投资赚了不少钱，有条件全力支持儿子从事艺术。修拉是家中独子，在追求艺术的道路上几乎没有经历过什么挫折与坎坷。他年少即学习素描，19岁考入赫赫有名的巴黎美术学院，师从安格尔的弟子亨利·莱曼学习古典主义绘画。在此期间，他频繁出入卢浮宫以研究大师的作品，画了大量素描和临摹作品，由此打下了扎实的绘画基础。

后来，修拉成为印象派的一员，结识了毕沙罗、凡·高等人。不过，修拉有着与众不同的性格与思想。他沉默寡言，十分理性，与其说他是一名画家，倒不如说是一名通过绘画来研究色彩的科学家。为研究视觉现象，他不仅研读了大量绘画技法书籍，还广泛涉猎几何学和物理学。其中，法国化学家谢弗勒尔创作于1839年的《色彩的并存对比法则》一书对修拉产生了深远影响。修拉相信，他可以利用科学来改造艺术，创造出一种全新的绘画技法。他确实也一直孜孜不倦地进行着这方面的研究，他的名画《大碗岛的星期天下午》就是这一研究的成果。

《大碗岛的星期天下午》创作于1884年，纵207厘米，横308厘米，描绘的是巴黎附近大碗岛上一个晴朗的下午人们在林间休息的场景。远观这幅画，它极为简约的物象轮廓与井然有序的画面布局，呈现出一种宁静的秩序之美；而近看这幅画，令人感到震撼的是整幅画作上既没有线条，也没有色块，而是布满了密密麻麻的圆点笔触，这些色点多达几百万个，令观者眼花缭乱，而正是它们，构成了大碗岛的风景及置身林中姿态各异的人。

近距离观察过《大碗岛的星期天下午》的人无不好奇修拉究竟是怎样把这些色点一个一个画到如此巨大的画布上的。这的确是一项不

修拉《大碗岛的星期天下午》

可思议的巨大工程，高超的技艺和非凡的耐心缺一不可。那些与修拉生活于同一时代的画家中有几个曾有幸在修拉的画室亲眼看到他站在梯子上一笔一笔往画布上添加色点，修拉的这一作画方式与绘画技巧令他们惊讶得目瞪口呆。

当时多数印象派画家通常花上几个下午的工夫就能完成一幅作品，而为了完成《大碗岛的星期天下午》，修拉却耗费了整整两年的时间。为让颜色更准确，他还在正式创作前画了大量素描稿和颜色效果图。而这一切努力的结果，就是艺术史上出现了一个新的绘画流派——点彩派，点彩派创作的特征就是按光谱色和科学原理在画面上排列色点，不调混颜色，而是让人的眼睛去混合色彩。

其实，将色调相近或相反的颜色不加调和并列排在一起的“加法混合”法并不新鲜，莫奈等印象派画家早在修拉之前就曾使用过。只不过别的画家都只是凭个人感觉作画，并未严谨科学地去分析和安排色彩，修拉却把感觉综合上升为理性分析，将点彩技法演变成一种极为严谨的科学表现形式。不仅如此，他还在创作中运用了黄金分割法则和力学原理，力求画面达到稳定、安详的视觉效果。

1886年，《大碗岛的星期天下午》总算大功告成，不过它展出时却遭遇了尴尬。当一向喜爱新鲜事物的毕沙罗极力推崇此画时，莫奈、雷诺阿等画家却认为修拉的笔法呆板机械，违背了印象主义精神，不同意在最后一届沙龙上展出此画。最终，毕沙罗说服了大家，可谁也不愿将自己的作品跟《大碗岛的星期天下午》摆在一起，以至于策展人只好为此画开了“单间”。

大碗岛之谜

大碗岛，一座位于塞纳河中的水上森林公园，如今是建有许多高档健身区和休闲场所的巴黎富人区，而在100多年前的19世纪末，它的别称却是“塞纳河上的塞西拉岛”（喻指它是风月场所）。

修拉为什么要画这座“塞纳河上的塞西拉岛”？他画的仅仅是某个星期天下午的真实所见吗？《大碗岛的星期天下午》中的人都是谁呢？

先看画作最左边那个手持钓竿的女子，她戴着礼帽，穿戴得十分整齐，不过她真的是在钓鱼吗？有研究者认为，鉴于法语中“钓鱼”和“犯罪”是同一个单词，再结合大碗岛的“塞西拉岛”特色，修拉很可能是一语双关——这位看似外表恬静的女子，其实是一名妓女，因为她的职业不被法律许可，所以她才假意手持钓竿装模作样。

再看画作右边的持伞女子，穿着华贵，看上去像个交际花。问题是，她带着一只宠物狗也就罢了，为什么还要牵一只猴子呢？有意思的是，后来有专家在研究这幅画时发现，画中的猴子是后来加上去的。猴子有“有样学样”的意思，而在修拉生活的年代，据说法语中的“母猴”还有“娼妓”之意。那么，修拉是要借此讽刺什么吗？

修拉虽然作画很慢，但从来不会仅凭一时冲动就下笔，他的画作都是深思熟虑的产物。正因如此，人们就更好奇《大碗岛的星期天下午》究竟想表达什么。为了得到想要的答案，有人把修拉作于同一时期的另一幅画《安涅尔浴场》也搬了出来。

事实上，《安涅尔浴场》的创作时间比《大碗岛的星期天下午》还早。这幅画创作于 1884 年，是修拉确立以“点描”为表现手法的第一幅大作。完成这幅画的前一年，24 岁的修拉就已有画作入选官方沙

修拉《安涅尔浴场》

龙，可《安涅尔浴场》却在次年送选时被拒之门外。为此，修拉联合西涅克等青年画家创立了新印象画派协会与独立沙龙，《安涅尔浴场》就是在独立沙龙上展出的。

有细心的人发现，如果将《安涅尔浴场》与《大碗岛的星期天下午》一左一右拼在一起，两者就会构成一幅隔河相望的新画，这幅“新画”无论色调还是画面结构都浑然天成，只是左边岸上的人们随性自在，右边岸上的人们则穿着考究、华丽，看上去有些拘谨。

那么，《安涅尔浴场》和《大碗岛的星期天下午》究竟存在何种联系？修拉在创作时是否有将某种联系暗置其中呢？后人不得而知。修拉的沉默寡言使得他自身和他的作品都留下了许多谜题。

沉默的天才

修拉是一位点彩画大师，《大碗岛的星期天下午》则是最典型的点彩画作品，但如果认为修拉仅仅创造了点彩画，那就错了。那些用无数色点构成的画作仅仅是修拉作为画家的一面，而修拉是多面的。

在创作点彩画之前，修拉的长项其实是素描。他第一次参加官方沙龙的作品，就是一幅铅笔肖像画。值得一提的是，修拉的素描与传统素描有所不同。作为一个创造力极强的画家，修拉画的素描不讲求线，而讲求形，如他创作于 1890 年的《保罗 · 西涅克的肖像》，就是用娴熟的素描技法在颗粒粗糙的安格尔牌素描纸上表现光与影，其素描效果正如他自己曾说的那样：**“一些有价值的素描和一些简单的速写在对比上和层次上的研究如此深入，以致人们可以根据它们画油画，而无须模特了。”**

而在创作了他最为著名的点彩画作品之后，修拉还创作过一幅色彩和线条颇具象征意味的画作——《马戏团》。这幅画的创作开始于1890年，依然用点彩的方式画成，色点比修拉以往的画作更为细密且服从于轮廓明显的线条，从中可看出修拉对自我风格的突破，亦有了一些象征主义的先兆。

然而1891年春的一天，《马戏团》一画尚未完成，年仅32岁的修拉却突然染病离世——一代天才陨落。如果修拉不那么早逝，他的艺术将何去何从？人们已经无从知晓。

反抗传统的关税员画家

——卢梭

画家： 亨利 · 卢梭（Henri Rousseau，1844—1910）

国籍： 法国

代表作：《入睡的吉卜赛女郎》

类型： 布面油画

艺术风格： 稚拙画派

小关税员的“周日画家”生活

1908年冬，当时已定居巴黎的巴勃罗 · 毕加索在他的工作室召开了一场别开生面的宴会，出席宴会的客人堪称巴黎文艺界名流——画家乔治 · 布拉克、诗人马克斯 · 雅各布、作家格特鲁德 · 斯坦因、收藏家利奥……人们举起酒杯频频向熟识的老朋友与初次见面的新朋友致意，彼此间愉快地交谈着、热议着。大家兴致很高，宴会一直持续到深夜才各自散去。

不过，毕加索举办这场宴会的主要目的可不是让新老朋友们见面，而是向在场的一位他所崇敬的长者致敬——这位长者从未接受过正规的美术教育，在艺术上完全自学成才，业余时间从事画画，却画出了许多专业画家可望不可即的作品——毕加索所敬仰的这位长者就是亨利·卢梭。

亨利·卢梭出生于1844年，与雷东、莫奈、雷诺阿、高更等人年龄相仿，他们都出生于19世纪40年代——这真是一个伟大的年代！卢梭的家乡在法国西北部的拉瓦尔市，父亲是一名铁匠，母亲是一个基督徒，夫妻二人都性格保守、循规蹈矩，卢梭就是在铁匠铺叮叮当当的敲打声和火光中成长起来的。

19世纪的法国画坛大师辈出，不论这些大师最终走向了什么风格，他们中大多数人都有进入美术学院学习的经历，即便半路出家的毕沙罗和高更，在转行画画之后也都曾向当时的同行学习过绘画，毕沙罗的老师是梅尔贝、柯罗和杜比尼，高更的老师则是毕沙罗。唯独卢梭是个例外。

卢梭自始至终不曾拜师学艺，也未曾接受专业的绘画培训或受过正规美术教育，绘画对他来说只是业余爱好，而他的正式工作，一开始是一家律师事务所的小职员，后来则进入海关工作，当上了一名关税员。卢梭从单调的工作中获取稳定收入，业余时间则完全投入到自己感兴趣的事情上。他兴趣广泛，富有创造力，而且绝对称得上是一个天才——在音乐方面，卢梭是个热情的业余小提琴家，曾凭借华尔兹舞曲《克雷芒斯》获得法国音乐学院的学位；在文学方面，他是个业余剧作家，撰写过《一个俄罗斯孤儿的复仇》等。当然，卢梭最感兴趣的还是绘画，他成了众多“周日画家”中的一个，而卢浮宫里那些已故大师则是他的老师——1884年，妻子克莱芒特帮助卢梭搞到了一张临摹卢浮宫收藏品的许可证，卢梭得以在卢浮宫与大师们进行无声的内心交流，并从他们的杰作中揣摩绘画技巧。

为了画画，卢梭专门租了一间画室，并买了油彩和画布，一有空就去那里画画。他画风景画、画静物，也画人物肖像，主题包罗万象，手法率真直接，常受到专业画家们的戏弄和取笑。不过卢梭不以为意，他极为自信，还将自己的作品送去参展，可惜没有得到承认。

1886 年，卢梭参加了乔治·修拉等人创立的独立沙龙。独立沙龙创办的目的是摆脱官方沙龙对艺术的束缚，让艺术家们有展出自己作品的机会。不论是谁，只要交少量年费，就可以在沙龙上展出自己的作品。卢梭在这年的独立沙龙上共展出了 4 幅画作，其中就包括他的成名作《狂欢节之夜》。尽管平涂的手法暴露出这位从未接受过素描训练的画家画法上的质朴，并因此遭到了同行与艺术评论家们的嘲笑，但卢梭对构图很有感觉，而且由笔触精细、如剪影般的黑色树林与发亮的人物所构成的画面也颇具诗意，令人印象深刻。

从林与梦境

卢梭的“专业画家”生活开始于 19 世纪 90 年代。

1893 年，卢梭从海关退休，由于养老金十分微薄，他一边教授小提琴课程以补贴家用，一边当起了专业画家。在卢梭看来，所谓的专业画家，就是将全部精力都投入到绘画中。为了绘画，他常常去户外散步，寻找作画的灵感。

其实，卢梭所去的地方都十分普通。他很少出远门，常去的地方无非是位于巴黎郊外的公园、动物园、植物园等，不过他有着一颗善于想象的大脑，他具有这样一种独特的能力，即将温室里的热带植物，动物园里见到的猴子、狮子及百科全书上读到的知识能够有机结合起来，对它们进行重组，从而构造出一个崭新的梦幻世界，这个世界有着童话般的纯真与烂漫，也有着伊甸园般的和谐与迷人气氛。

无论是巴黎还是卢梭的故乡拉瓦尔，所在的纬度都较高，大概因为这个缘故，卢梭对热带雨林充满向往。他画了大量想象中的热带雨林，狮子在开花的密林里捕食，猴子们正享用成熟的果子，画中的植物、山林、天空、云霞、动物都是经过简化的想象中的形象，与现实之物相去甚远，画风依旧纯真烂漫，似梦非梦，瑰丽神秘。但事实上，卢梭画中的丛林植物并非出自热带，而是在巴黎随处可见的。

创作于 1910 年的《梦》是卢梭丛林系列的代表作品，画面上画家描绘了长满各种奇花异草的繁茂丛林、皎洁的月光、吹奏长笛的黑人、盛开的莲花、窥视的狮子、橙黄的果子、藏在林中的大象和禽鸟、赤身斜倚在长椅上的少女……这些在现实中不可能一起出现的事物被卢梭画在了同一画面上。当有人问卢梭为什么会想要如此构图时，卢梭则回答：**“那是长椅上的少女梦见自己被运到热带雨林时的景象。”**

卢梭就是这样一个梦幻的编织者。或许正因为他从未接受过正规的美术教育，他才得以真正抛弃过往所有的经验，自由地、大胆地、率真地、毫无顾忌地去描绘现实之外的那个世界。

创作于 1897 年的《入睡的吉卜赛女郎》是卢梭具有浓重超现实主义色彩的代表性作品。画作中，沙漠一片宁静，皓月当空，星光点点，一位吉卜赛女人躺在布垫子上沉沉入睡，一头雄狮从她身边经过。

不要企图从卢梭的画中寻找《圣经》故事与历史典故，也不要企图去解释它有什么深刻含义。卢梭曾说他要打开窗户释放野性。他的画作就是他野性的放飞、心灵的放飞。

卢梭《梦》

卢梭《入睡的吉卜赛女郎》

Henri Rousseau

“这个时代最伟大的画家”

退休后的卢梭经济上并不宽裕，想要以画画为生的他将画作送去参加政府举办的绘画评比活动，结果什么名次也没有得到。为了能展出作品，他自己花钱加入了独立沙龙，可是他那颠覆传统的艺术却遭到了同行及艺术评论家的嘲笑。

不过，参加独立沙龙也有好处。在那里，卢梭遇到了他为数不多的欣赏者，艺术评论家兼诗人阿尔弗雷德就是其中一位。阿尔弗雷德对卢梭十分崇拜，有一次他站在卢梭的画作前不由自主地赞美道：“这幅作品太棒了，画画的人好有创意！”他在报纸上撰文赞美卢梭的绘画，还介绍卢梭认识了文艺圈的许多前卫画家和诗人。

卢梭这位“稚拙派”的创始人渐渐得到了艺术界更多的关注与认可。画家毕加索、雷东、土鲁兹·劳特雷克、诗人阿波利奈尔等人都对卢梭颇为欣赏，他们喜爱卢梭的绘画，也欣赏他的为人。阿波利奈尔就曾说：**“很少有人像卢梭这般纯洁和气，不跟人斤斤计较，他的天真就像个孩子，使他的作品具有某种独特的趣味，有一种与世无争的气氛。”**

像是为了印证卢梭的纯真，坊间流传着不少关于卢梭被愚弄的笑话。其中有一则说的是画家高更有一次告诉卢梭，政府好像有意要委托他画壁画，问卢梭要不要去美术馆问问，卢梭信以为真，真跑去美术馆询问此事，结果令自己非常尴尬。

不过，卢梭真的与世无争、纯洁天真如孩童吗？

其实他的个人档案上记录着他的两桩犯罪事实：一桩发生于他在

律师事务所工作时，当时卢梭因偷窃现金和大量邮票被判入狱，正是为了离开监狱，他才在 1864 年参军；另一桩犯罪发生在 1907 年，当时卢梭已经 63 岁了，他受一位银行职员唆使参与了一起银行诈骗案，以假名开户并获取了伪造的银行证明，卢梭因此再度入狱，但律师拿他“稚拙”的名声大做文章，坚持声称卢梭很单纯、完全是被人利用，卢梭才没有被判重刑。

不管卢梭究竟是个怎样的人，他在绘画上的天赋是不容置疑的。在卢梭生命的最后几年，毕加索等前卫画家“发现”了卢梭，并去他简朴的画室里拜访他。毕加索还常常自掏腰包购买卢梭的画，这个清贫的天才得以继续他的绘画事业。

再回到 1908 年毕加索专门为卢梭举办的宴会上。当时，巴黎文艺圈的许多名流都出席了宴会，头发花白、留着两撇大胡子的主角卢梭反倒最后才到场。不过，当卢梭这个从海关退休的素人画家看到这么多业内人士和知名诗人前来捧场时他内心充满了激动，他高兴极了，拿起小提琴，一边拉一边唱了起来。随后，他站起来，频频举杯向诸位友人致谢，在阿波利奈尔朗诵了一首关于贵宾的诗之后，向来自信满满的天才卢梭俨然感觉自己站在了人生的最高峰，他仿佛站在领奖台上一般，转向毕加索说道：**“我们俩是这个时代最伟大的画家——你是埃及风格，我是现代风格。”**

被厄运追随的印象派天才

——凡·高

画家：文森特·凡·高（Vincent van Gogh，1853—1890）

国籍：荷兰

代表作：《星夜》

类型：布面油画

艺术风格：后印象主义

失恋的画廊销售员

在远离伦敦市中心的克莱普安街上，住着一位名叫文森特·凡·高的古比尔公司的小销售员。他来自荷兰的一个有声望的农村牧师家庭，有着凡·高家族圆而凸起的高额头、宽而结实的大腮帮及坚定有力的大下巴。家族里有一位与他同名的叔叔是古比尔美术公司的股东之一，所以上完小学不知选择什么职业的他被安排在古比尔公司上班，最初在海牙，后来被调到了伦敦。

离开亲爱的家人和熟悉的故乡来到人生地不熟的大城市生活，不免让人感到有些孤寂，然而凡·高却并不介意，他是个极度热爱生活的人。跟绝大多数有追求的年轻人一样，凡·高十分上进，工作勤勉

凡·高《自画像》

且业绩突出，平均每天都要为公司卖出去50幅画作——这可是了不起的成绩！尽管卖画并非凡·高理想中的职业——虽然他热爱绘画，热爱米莱斯、康斯泰勒、杜比尼、雷诺兹等画家，并不时也画一些素描，但能通过自己的努力为公司赚来大把的钱，他依然觉得高兴。很快，他就得到了晋升。

然而在伦敦，最令凡·高感到心满意足的，是他遇到了一个心仪的姑娘。姑娘叫乌苏拉，是女房东的女儿，长着一双会笑的大眼睛，待人礼貌而温柔。不管是一见钟情，还是日久生情，总之，这位古比尔公司的小销售员疯狂地爱上了这位姑娘——这是他的初恋，悸动之余，他感到十分紧张。这份感情他在心底藏了很久，一直想寻找表白的机会，却迟迟找不到一个合适的时机——这令凡·高感到躁动不安，他的热情在胸口沸腾，感到自己就像一口快要炸掉的锅！

一个星光璀璨的夏夜，凡·高终于找到了机会——这天，他给乌苏拉小姐赠送了一幅朋友的画作，上面有专门的题词："给文森特和乌苏拉·罗伊尔：我朋友的朋友也就是我的朋友。"乌苏拉小姐让他帮忙把这幅画挂到她开办的幼儿园教室里——就在挂完画离开幼儿园时，凡·高大步流星追上去，用身体挡住乌苏拉的去路，十分激动地表达了他的爱情。

对于女人、爱情与婚姻，凡·高有着他自己的理解。他在1873年写给弟弟提奥的书信中如此写道："'爱神'对我说来，像一本福音书，是一次革命。'女人是不会老的'，这并不是说没有老女人，而是说在她爱着别人的时候与被人爱的时候，女人是不老的。女人与男人是完全不同的生物，是我们一直到现在还不理解的生物，至少可以说，只有表面上的理解——是的，我相信是这样。丈夫与妻子能够合在一起，这就是说，他们形成一个整体，而不是两个一半——是的，我也相信如此。”凡·高渴望一个好女人，渴望爱情，渴望拥有一个幸福美满的家庭。他曾经无数次设想乌苏拉将成为一个生意兴隆的画商的妻子，然而，满腔热情的他却被泼了一头冷水——令他意想不到的是，乌苏拉已经订婚了，并且就在那年夏天，她远在威尔士的未婚夫就要过来同她消夏了！

乌苏拉订婚一年多了，然而凡·高却毫不知情——这该怪谁呢？要怪乌苏拉一直没有告诉他自己已经订婚的消息？还是怪他自己太鲁莽？

不管怎样，古比尔公司的这位年轻销售员失恋了。在荷兰家乡的时候，他曾是个性格孤僻、郁郁寡欢的青年，因为爱情，他曾试图让自己开朗起来，而现在他又回到了从前。失恋的凡·高像一头绝望的狮子做着最后的挣扎与努力，一遍遍恳请乌苏拉接受他的爱情，但这是不可能的事，他与乌苏拉之间最后残存的一点友情很快就因凡·高的固执变得荡然无存——不久后，他被从那所住宅里赶了出去。

被上帝抛弃的小牧师

对凡·高来说，初恋就遭遇这样的打击无疑是痛苦的，因为失恋，他对工作失去了热忱，似乎赚钱和晋升一下子都变得毫无意义了。他的脾气变得糟糕起来，不再客气地对待那些毫无鉴赏力却自以为是的客户，还不跟上司打招呼就擅自休假。

伦敦的古比尔分公司，凡·高是不可能再干下去了。此后，他在叔叔的帮助下，在荷兰多德雷赫特市的两个书店待了一阵子。之后他为了接近乌苏拉，又在离伦敦不是太远的拉姆斯盖特和伊斯莱沃斯找了份教职与乡村副牧师的工作，直到乌苏拉成为另一个男人的妻子，他才终于收拾行李，带着绝望和心痛，彻底离开了英国。

此后有很长一段时间，对凡·高来说是艰难的。他的内心始终无法忘记乌苏拉。但生活还得继续，既然他不能把爱给乌苏拉，那就把爱给予每一个需要他的人吧——在彻底失去乌苏拉之后，凡·高选择了爱上帝，爱上帝的每一个子民。这一信仰，是他在伊斯莱沃斯当副牧师期间建立的，因为他突然发现，原来给穷人布道是一件多么有意义的事情！他一下子意识到了自己的使命，深深地爱上了牧师这个职业。为成为一名好牧师，他甚至开始硬着头皮学习并不喜欢的枯燥的拉丁文、希腊文、代数和语法，因为只有学好这些功课，他才可能顺利通过考试进入大学深造，尽管在他看来，这些功课与布道没有丝毫关系。

最终，凡·高进入了比利时布鲁塞尔的一所福音传道学校，但由于他拒绝即席演讲，执着于以自己认为恰当的方式去传播福音，与传道学校的老师闹翻了，结果被学校宣布“不够资格去给教民宣讲福音”。

继失恋之后，凡·高再次遭受了打击。他认为自己并没有错，他只不过是想与教民分享自己切身的体会，而不是杜撰出一些幼稚的预言来哄骗那些可怜的穷人，可教会的头条规矩是绝对服从，他又有什么办法呢？

福音传道学校未能让凡·高毕业，当然也没有任命他去某个教区担任牧师。凡·高对于这样的结局很气愤，但他相信上帝与他同在，总有一天，他会找到为上帝服务的机会。带着这样的信念，凡·高以义务牧师的身份来到了比利时的矿区博里纳日，开始了人生中一段意义非凡的经历。

凡·高首先来到博里纳日的瓦母镇，该镇坐落在阴冷的山谷中，天地之间永远笼罩着一层煤烟，生活在这里的人们以采煤为生，大多不识字，并患有肺病。他们白天在矿井下劳作，时刻面临煤矿坍塌与瓦斯爆炸的危险，晚上带着累累伤痕与一身病痛回到破败阴冷的矿工村棚屋里，面对的却只有变了味的奶酪、面包和一脸苦涩的妻儿。

刚来这里时，凡·高被眼前的一切震惊了，他认为这里的穷矿工太需要上帝的福音，于是刚到瓦母镇不久就开始了工作：他在自己的住所布道，亲自登门造访那些可怜人，认真聆听他们的遭遇，给予病弱者悉心照料，为不幸者祈祷，有时也给他们带去一点自己节省下来的牛奶、面包、袜子或铺盖。因为凡·高的善良与热情，他在瓦母镇受到了爱戴，他的工作也得到了教会的认可，不久被委任为一名正式的福音传教士。

然而，在瓦母镇，凡·高住在山顶唯一的红砖房里，在这里拥有整洁温暖的卧室，热气腾腾的美食，他的卧室墙上挂着大师们的画作，衣柜里挂着暖和的大衣和成套的礼服；但这所红房子之外，却到处充满了饥饿、寒冷、疾病与死亡。矿难时常发生，矿工被无声息地永远地埋于黝黑的地下，而这些可怜矿工的妻子却没有用来生火的煤炭，孩子们不断忍受着饥饿与寒冷的折磨——这一切是多么的不相称！渐渐地，凡·高感到自己信誓旦旦向这些穷人宣布“上帝与我们同在”

时是多么的虚伪——如果上帝真的存在，如果祷告和福音书真的有用，那为什么这些惨剧还会一桩接一桩发生？

凡·高突然醒悟自己是个骗子、懦夫，是个说大话的伪善者。他不再待在舒适的屋子里对着信徒们讲空话，而是来到山头，和那些可怜的女人与孩子一起捡拾煤炭，并将它们分送给境况最糟糕的穷人，他用自己节省下来的钱买来食物和药品分发给需要的人，自己却因为缺少食物与过度疲劳越来越瘦，最终病倒了。就这样，传教士凡·高成了“煤黑子”凡·高，而他的善举却激起了教会的不满，他们称他是疯子，是“有史以来最凶恶的反基督的敌人”。不久，凡·高被停了薪水，并被解除了任命——他再也没有能力为那些穷矿工提供看得见的帮助了，而他想为矿工们向煤矿公司争取一点利益的行动，最终也失败了。

至此，支撑凡·高热情面对生活的第二根支柱彻底折断了。接下去，他该何去何从呢？这个 26 岁的年轻人又一次陷入了迷茫与困顿。

此后的数个星期，凡·高靠着父亲和弟弟提奥寄给他的一点钱勒紧裤带度日，每天除了吃饭、睡觉和打盹，什么也不干。他就这样浑浑噩噩、无所事事地过了几个月。直到一个晴朗的冬日，当凡·高漫不经心地散步来到马卡塞，坐在墙外一只生锈的铁轮子上时，一个戴黑帽子、走路时膝盖颤颤巍巍的老矿工一下子吸引了他，随后他赶回自己的屋子，在信封背面信手将那个迈着缓慢沉重的步子穿过原野的小小身影画了下来。不久，又有一个矿工从门里走出来，这回是个身材高挑的小伙子，步伐刚劲有力，凡·高提起笔，很快又将这一形象画在了纸上。

当凡·高快速地画完两幅速写，并不断修正纸上的线条后，他两眼直瞪瞪地看着自己的素描，再看了看钉在墙上的其他画片——突然，他的内心受到了触动，猛地意识到自己真正所爱的、生命之热情所在的，仍是那个艺术世界。

真正的事业开始了

现在，凡·高终于找到了生命的新方向，他立刻又变得精神饱满起来。第二天半夜，他醒来后赶紧穿好衣服，拿起信纸、画笔和一块薄木板，然后就动身去了马卡塞——前一天他画画的地方，开始等待矿工们出现。一小时后，当矿工们都已下井时，他已速写出五个没有画面部细节的人物，接着他怀着兴奋的心情，轻快地穿过矿地回到了自己的房间，等天亮时将信纸上的草稿复制下来。

一开始，凡·高画得并不成功。他不懂解剖学、透视学，人物比例也没把握好，那些被他画在纸上的人物线条笨拙，画法古怪，看上去令人发笑。他很不满地将自己的第一批素描撕掉了，并开始临摹墙上的画。

为使自己画得更专业一点，他拿着两法郎，步行十几公里，买来了一沓光滑的黄纸、一些炭笔和一支重铅铅笔。从那一刻起，他成了一个真正的艺术家，至少他自己是这么认为的。除了利用矿区的人物素材画素描，他还开始去皮特森的画室学习，并开始临摹弟弟提奥从海牙给他寄来的《素描习作》。这还不够，他渴望成功，渴望能掌握绘画这一行业的基本技能，为了达到目的，他步行好几天去拜访 170 公里外的画家朱尔斯·布雷顿，希望能得到这位他所崇拜的画家的指导。然而当他抵达朱尔斯的工作室门口时，他因为感到自己快被磨穿的鞋子与眼前豪华体面的画室太不相称，自惭形秽地离开了。

回到瓦母镇后，凡·高写信将自己想要追求艺术的打算告诉了弟弟提奥。提奥是一名画商，当时才二十几岁，但已经做得比较成功，当父母十分不解凡·高为何要选择画画时，提奥却极力鼓励凡·高，并心甘情愿为凡·高提供一切他力所能及的帮助。

在提奥的支持和帮助下，凡·高回到了荷兰家中，正式开始了艺术家的生活。他不分昼夜地钻研绘画技巧，研究透视学和解剖学，临摹名家画作，来到野外画写生。他画播种者，画削土豆的人，画炉旁的老农夫，也画拿扫帚的女孩和花园里的园丁。凡·高没有职业模特，但大自然和田野上劳作的农民赋予了他极大的创作灵感。在凡·高看来，农民和土地是无法截然分开的，**“谁要是真心热爱大自然，谁就能随处发现美”**。

在经历不断的练习后，凡·高进步很大。为了画得更好，他带着习作来到海牙，请求画家毛威为他提供绘画上的指导。在毛威的影响下，他先是画水彩画，后来又开始画油画。

凡·高在 1881 年写给弟弟提奥的信里说：**“从事油画，我真正的事业便开始了。”**

穷画家的爱情

从事艺术创作可不是一件简单的事，除了热情，至少还需要一间独立画室和一些模特。凡·高知道模特的重要性，他曾说：**“我将尽量**

不跟着人家跑，不论他们是谁，既不跟画商跑，也不跟画家跑；我所要跟着跑的，只有模特。”

有钱的时候，凡·高每天都雇一个模特埋头作画。他的模特都是穷苦人，因为天下没有免费的模特，只有穷苦人才愿意为了一点微薄收入为他摆出固定姿势让他画。提奥每每给凡·高写信都寄给他一笔钱，可租画室需要钱，买颜料需要钱，雇模特需要钱，每天的牛奶和面包也都需要钱，提奥每月寄给他的 100 多法郎不知不觉就花光了。没钱时，凡·高只好向画材店赊账，向模特们赊账，一旦有钱就立刻支付给他们。

除了等待提奥的汇款，凡·高也努力卖画为生。只可惜除了弟弟提奥，别的画商对他的画作并不感兴趣，只有画商戴尔斯蒂格花 10 法郎买走了他的一小幅水彩画，而这点收入，只够他维持一星期的生活。

作品不受欢迎就没有市场，没有市场就没有收入，没有收入，凡·高的绘画事业就常常难以为继——有时是因为没钱雇佣模特，有时则是因为没钱购买画材。但无论如何，尽管困难重重，凡·高绝不轻易放弃这份他视为生命寄托的事业。他坚信自己的作品是有价值的，并顽强地坚持着，期待着，盼望着生活中能出现一线曙光。

终于，好运来了！当画商戴尔斯蒂格认为凡·高的画作卖不出去、无人喜欢时，西爱姆叔叔却从他这里订购了一笔阿姆斯特丹的风景画素描。凡·高牢牢地把握住这个机会，很好地完成了这项工作，并获得了一笔不菲的报酬。很快，西爱姆叔叔再次向他预订了六幅画作。这件事令凡·高相信，绘画是一门可以谋生的职业。

然而，凡·高的好运并没有持续太久。而破坏这良好开端的，竟是一场爱情。

是的，凡·高又恋爱了，他爱上了一个妓女。

其实在此之前，他曾疯狂地爱上他的表姐凯，但被无情地拒绝了。这件事给他带来了巨大创伤，也使他与家人的关系越来越疏远。尽管凡·高在恋爱中屡次受挫，但他对恋爱依然充满向往。他曾在写给提奥的信中说：**“我一定要去追求女人，不然的话，我就会僵化或者转变成石头；或者闷死……”**

这个名叫克莉丝汀的妓女认识凡·高时已经 32 岁，既不年轻也不漂亮，而且还怀着孩子生着病。她的母亲也是妓女，兄弟则是个皮条客。她是作为女模特进入凡·高的生活的，但不久，这两个同样贫穷又孤寂的人便开始同居。在凡·高看来，他是爱这个女人的，他认为她并不搔首弄姿，是个勤劳且善于学习的值得尊重的女人。他不介意她的过往，一心一意想要帮助她，甚至决定娶她为妻。但凡·高的真情和善良，在周围的人看来简直荒唐透顶！他的这段新感情不仅没有得到祝福，还成了他艺术事业上的绊脚石——毛威因此断绝与他来往，而西爱姆叔叔已经预订的订单也说取消就取消了。

那么，凡·高从这份感情里得到了什么呢？一开始，克莉丝汀给凡·高当模特，照顾他的生活，为他缝补破烂的衣服；凡·高则花钱为她治病，给她提供经济上的帮助，养活她的几个孩子，还为了有个像模像样的家，捉襟见肘的他租来了一所更大的房子与她和孩子们一起生活，两个人看起来的确是相爱的。有那么一段时间，凡·高是幸福的，即使生病与挨饿受冻，他也觉得生活充满了希望，他坚持不懈地作画，以尽力回报提奥给予的始终如一的支持。然而，穷画家与妓女的爱情最终因为克莉丝汀重操旧业而决裂了。对此，凡·高无能为力。他太穷了，四处赊账，自顾不暇，而她得养活自己，养活她的孩子们。

在与克莉丝汀分别之后，凡·高带着一身疲倦与失望，回到了他的双亲那里，在纽恩南的牧师住宅开辟出了一间专门的画室以用来画画。现在他单身一人，无牵无挂，心里头唯一想的就是画画。他画纽恩南的风景，将半成熟的麦子画成暗金色调子，也画这里沉默寡言的纺纱女。

可是，凡·高并没有在纽恩南待太久，由于被卷入了一些丑闻和纠纷，他最终选择离开，前往巴黎去追求艺术的理想。

画家？还是大管家？

凡·高终于来到了艺术世界的中心——巴黎。此时，他的弟弟提奥已成为古比尔巴黎分公司的经理人，他的画廊里展出的，是莫奈、德加、毕沙罗和马奈等印象派画家的画。尽管这些年来，凡·高一直东奔西走，也到过不少地方，见过不少世面，但巴黎的新艺术还是令他感到震撼。在见到这些印象派画作之前，凡·高根本没有想过油画竟然还可以这样画——这些画作没有平涂的、薄薄的表面，大团大团鲜艳而温暖的颜色铺在画作上，显得厚重、深沉且富有起伏感，并且每一幅画作都充满了光、空气和颤动的生命，每一处笔触都是大自然韵律的组成。

印象派油画的色彩令凡·高着迷，也使他突然意识到了这些年来他一直在内心寻找的不平庸的画作的样子。原来，他在荷兰所学的那

凡·高《吃土豆的人》

些绘画理论完全成了囚禁他创作的枷锁，他真正想在画作上表现的，根本不是精准的线条、毫无差错的比例与色调，而是能从画板上跳出来，一下子打动人的奔放的情感与生命！

印象派画家带给凡·高的影响，可以说比10个毛威的影响都大。现在，凡·高要开始新的尝试了，他要大胆挥洒色彩，像个印象派画家那样去作画。而最令凡·高兴奋的，还是他在这里结识了不少令他尊敬的朋友——劳特雷克、高更、修拉、塞尚……这些人不仅个个都是超凡的艺术天才，而且都跟他一样，是颇具个性、绝不向平庸低头的艺术怪人，他们不惧怕世人嘲笑，坚定地挥洒着自己内心想要的色彩，创作着各具风采的画作。可以说，他们是比莫奈、毕沙罗这些已经成功的印象派大师更前卫、更大胆的艺术家。

6年来，因为一直画不出理想作品而一度有些沮丧的凡·高此刻充满了热忱与干劲，他就像发现新大陆一样决定在巴黎大干一场。创作之余，在弟弟提奥的引荐下，凡·高参加了不少艺术沙龙。这些艺术家之间并没有形成一个特定组织，但他们时常三三两两聚在一起谈论艺术，谈论文学，谈论思想，也谈论女人和酒。

在巴黎的时光是愉快与难忘的，唯一难过的是，没有一家画廊愿意展出这些前卫艺术家的画作，以至于这些可怜巴巴的艺术家不得不在一家小饭馆展出自己的作品——当然，前提是在那里吃饭。

这家饭馆夹在一间酒吧和一座供应马料的栈房当中，还算朴素干净。这些被后世称为后印象派的艺术家画了半天时间，在忙碌并争执了许久之后终于将各自的作品挂上了墙壁，然后像小学生一样，坐立不安地待在饭馆里，等待着顾客与批评家的到来。结果怎样呢？来这里吃饭的都是些穷工人，他们关注的只是桌上的菜单，对墙上的画作毫无兴趣！

为了能卖出自己以及这些前卫艺术家朋友的画，凡·高曾设想让弟弟提奥出资创办一家自己的画廊。为了这一伟大事业，有一阵子，凡·高与提奥草拟计划、章程、预算、募款请求、法规和条例，着实奔波忙碌了一番。最终，他们募集了 5000 法郎的资金，画廊的场地也租下来了。那些渴望发财与成名的画家从四面八方将自己的书信和作品寄到了巴黎，还有不少人聚集到凡·高的画廊，在那里吃吃喝喝，争吵、打架。

在这一活动中，凡·高既充当文书又充当财务，他每天都忙得不可开交，根本没有时间作画。然而，就在这项事业开始后不久，凡·高却在一个精疲力尽的凌晨，好不容易忙完准备休息时突然问自己："你是一个画家？还是一个大管家？"

是啊，他辛辛苦苦在绘画的道路上坚持了七年，难道到头来却是为了成为其他画家的管家吗？不！绝不！

第二天，凡·高带着歉疚与弟弟提奥进行了一次深谈，最终，他决定放弃这项刚刚开始的事业，重新回到绘画的道路上，去南方某个充满阳光的地方，画他内心真正想要的色彩。

红头发的疯子

从巴黎乘火车一路向南，在罗纳河畔有座古老的小城，离港口城市马赛大约两小时路程。这是个美丽的地方，用凡·高的画家朋友劳特雷克的话说，这里**"周围乡村的色彩，连德拉克洛瓦的非洲风景与之相比也显得逊色"**。

这座小城就是阿尔。

这里有着火球似的太阳，棕褐色的沃土，繁花盛开的花园和蔚蓝的天空。一来到阿尔，凡·高就被这里明丽的色彩征服了。尽管凛冽的西风刮得整座城市就像发了疯，但凡·高更为疯狂，每天天刚破晓，他就顶着大太阳和大风，帽子也不戴就扛着画板出门去了。他如饥似渴地画下了围着红色栅栏、有着玫瑰色桃树的果园，画下了罗纳河畔深蓝色的特兰凯泰莱铁桥，画下了大片大片在风中起舞的麦田……他的脑袋因曝晒开始脱发，眼睛因强烈的日晒变得有些辨不清颜色，但他只管不停在画布上挥洒颜色，不管自己画得对还是不对，也不管自己画得好还是坏。实在遇上糟糕的天气，他就在家里作画，画房间里的一些静物。凡·高就这样废寝忘食地画着，有时随便吃点什么，有时干脆用苦艾酒替代一天的食物。他的心中只有一种感觉，那就是他必须作画，因为他已被灵感抓住，这些灵感来自大自然，也来自凡·高的生命深处，就像一股激流从他的画笔底下喷涌出来，没有什么可以阻挡。他作画的速度很快，几乎每天都能完成一幅油画，这是不可思议的；但当他终于完成一幅幅作品，静下来用审视的目光打量自己的作品时，他发现这种感觉是对的，一切都搞对了——他的画里，有一种活的东西，有跳动的色彩，有可以将人晒伤的太阳和把人吹疼的阿尔的西北风——而这些，难道不正是多年来他在荷兰和巴黎一直寻找但却不曾找到的东西吗？

阿尔的人对凡·高充满好奇，也对他充满警惕，他们给他起了个绰号叫“伏热”，意为“红头发的疯子”。对此，凡·高一点也不介意。他在这里认识了一个邮递员，有着一双温柔的眼睛和一副波形的长胡子，蓝色制服上的铜纽扣在阳光下闪闪发亮。他叫罗林，是个亲切的人，是凡·高在阿尔认识的为数不多的愿意摆出姿势让他画肖像的朋友。在罗林的帮助下，凡·高以每月15法郎的价钱租到了一所黄房子，他买了些简单家具，便在阿尔有了自己的家和工作室。

对于在阿尔的一切，凡·高几乎心满意足，唯一的遗憾就是缺少一个伙伴——他已不缺乏女伴——对他来说，爱情太麻烦，也充满风险，与其找个妻子，不如去妓院找个情人——他需要的是精神上的伴侣，一个可以跟他交流艺术和思想、跟他一起作画的朋友！

无须多想，凡·高心中早已有了最合适的人选，此人便是保罗·高更。凡·高崇拜高更，视高更为绘画上的老师，他给高更写了封热情洋溢的信，希望他能到阿尔来。高更原本打算拒绝的，但随着他境况的转变，这个落魄的绘画天才最终答应了凡·高的邀请。

凡·高高兴极了，为迎接高更的到来，他将自己房间的墙壁刷成紫罗兰色，在地面上铺上红地砖，将木床、椅子、梳妆台等家具都刷上了漂亮的新漆，床单、枕头、被子等更是全换成了新的，并在墙上挂了一些自己的画作以装饰墙面。至于高更的房间，那就更讲究了——他尽可能节省下每一法郎为高更购置高档的胡桃木家具，为此，他常常陷入经济拮据的境地。

当然，在等待高更到来的时期，凡·高从来不曾忘却绘画，他画罗林太太和她的孩子，画他常去的那家咖啡馆的老板娘，画老农民，画秋日里的《收获》与《干草堆》，画金色的《向日葵》，画《有乌鸦的麦田》《夜间咖啡馆》《播种的人》，也常常在没钱雇模特时站在镜前一遍一遍画自己。凡·高画起来经常没日没夜。对于艺术事业，他充

凡·高《邮递员罗林肖像》

凡·高《向日葵》

满了信心，他将这所黄房子视为自己在南方的永久性工作室，希望高更是第一个来到这里的画家，但不是最后一个。

然而，结果怎样呢？高更来了，起初与凡·高一起生活，一起作画，相处得还算和睦，但不久，两个脾气古怪而执拗的人就因观念不同争吵起来，他们的争吵惊天动地，到后来，哪怕一丁点儿微不足道的小事也会令他们大吵大闹。一次剧烈的争吵过后，高更扬长而去，凡·高则割下了自己的耳朵。

高更走后，凡·高性情大变。他继续作画，但时常生病。他开始失眠，身体变得越来越虚弱，并成了一个神经质的人，开始产生幻觉。不断复发的病情没完没了地折磨着凡·高，并开始影响他作画。最后，凡·高不得不住进了圣雷米的一家精神病医院，但即便如此，凡·高仍坚持一有机会就作画，正是在这里，他画出了著名的油画《星夜》。

提奥一如既往地支持着哥哥凡·高，不仅为他提供着生活费和画油画的大笔开销，也承担着凡·高病后巨额的治疗费。他为哥哥的病感到难过，为治好凡·高的病，他将凡·高接回巴黎的家中居住照顾，后来又送他去乡间疗养，但这一切都无济于事——1890 年 7 月 29 日，日后成为后印象派巨匠的绘画天才在法国美丽的瓦滋河畔开枪结束了自己 37 岁的生命，而正是在这一年，他在弟弟提奥的支持下举办了一生中唯一一次个人艺术沙龙，并卖出了一幅油画——《红色的葡萄园》。

凡·高《星夜》

艺术界的坏小孩

——克林姆特

画家： 古斯塔夫 · 克林姆特（Gustav Klimt，1862—1918）

国籍： 奥地利

代表作：《吻》

类型： 油画

艺术风格： 维也纳分离主义

“黄金时期”

古斯塔夫 · 克林姆特是 19 世纪奥地利最著名的画家之一。他在奥地利十分有名，但在国际上的名声远不如同时期的其他绘画大师，不过，2006 年的一笔拍卖交易却令他名声大噪——这一年，国际化妆品巨头罗纳德 · 劳德以 1.35 亿美金的巨资从原主人那里购得了《阿德勒 · 布罗赫 · 鲍尔像》，创下了单幅油画竞拍的最高纪录。这件事在当年的艺术圈引起了热议，而古斯塔夫 · 克林姆特正是《阿德勒 · 布罗赫 · 鲍尔像》这幅肖像画的创作者。

古斯塔夫 · 克林姆特 1862 年出生于“世界音乐之都”维也纳。当时，统治奥地利的哈布斯堡王朝对外征战屡屡失利，却在 19 世纪

70 年代对维也纳进行了大肆改建，中世纪以来的城墙被拆，取而代之的是宽阔气派的环城大道和一座座拔地而起的现代建筑。建筑热潮的兴起为两类人带来了好处：一类是工程承包商和建筑师，许多人因此成了暴发户；另一类是艺术家，因为大量的建筑修好之后都需要他们去美化和装饰。生长在这样一个大环境下，金匠和女歌手的儿子古斯塔夫·克林姆特成为一名画家就不足为奇了。

克林姆特就读的是坐落于维也纳的应用艺术大学。这所大学创办于 1867 年，从它的名字就可以看出它的办学宗旨。克林姆特是大学里拿奖学金的优等生，在校时就已经为维也纳的斯特拉尼宫装饰过顶棚，并为奥匈帝国各地的国家剧院进行过室内装修，此外，他还获得过一枚金十字勋章。

1881 年，19 岁的克林姆特和他的弟弟恩斯特（也是应用艺术大学的学生）与同校好友弗朗兹·马什共同组成了“画家集团”，这个小集团一边创作，一边推广自己的作品，他们的作品具有新古典主义风格，画中人物直接来自米开朗琪罗的壁画。结果，这些算不上真正艺术作品的绘画在当时却颇受欢迎。

克林姆特的事业蒸蒸日上，年纪轻轻就成了成功人士。1893 年，31 岁的他加入了被称为“艺术家之家”的维也纳视觉艺术协会，但他不满协会的保守做派，于 1897 年和大约 20 名艺术家一起与“艺术家之家”决裂，成立了艺术风格更为前卫的维也纳分离派，克林姆特成为该派的灵魂人物——被推举为该画派的第一任主席。

此时，距离画家集团解体已有 3 年，而克林姆特也抛弃了早先的保守画风，努力让自己变得前卫起来。最能表现他这一转变的是他留在维也纳大学大礼堂天花板上的一组关于法学、哲学和医学的巨幅寓意画。克林姆特早在 1892 年就接受了这项工程的委托，可多年的磋商耗费了大量时间，在此期间，恩斯特病逝，画家集团解体，克林姆特只得单枪匹马来完成这一项目，竣工时间一直拖到了 11 年之后。

1903 年，当克林姆特终于向世人展示他的工作成果时，整个维也纳为之震惊——它们太前卫了，委托方根本无法接受！为此，艺术界兴起了一场持久的论战，有人支持，有人反对，克林姆特不堪纷扰，提出解除合同。他或许因此损失了一些收益，但名声却更大了，许多有钱的知识分子（多为犹太收藏家）对克林姆特的绘画风格颇为欣赏，他们纷纷请他为他们的妻儿画肖像，即使画得不像也毫不在乎。身为银行家和制糖大亨的犹太人费迪南德 · 布罗赫 · 鲍尔就是其中之一，《阿德勒 · 布罗赫 · 鲍尔像》就是克林姆特为这位巨贾的妻子画的肖像画。

在创作《阿德勒 · 布罗赫 · 鲍尔像》时，克林姆特疯狂地爱上了金色——这或许是因为他是金匠的儿子，喜爱金色是与生俱来的本能；又或许在那个充斥暴发户的年代，唯有在画布上添上几笔金色才能令顾客满意——不管什么原因，克林姆特开始在他的画作中大量使用金色，而《阿德勒 · 布罗赫 · 鲍尔像》一画对金色的使用则达到了登峰造极的地步，整幅画除了人物的头部和露出的胸部没有金色，人物的服饰、手臂上的配饰、画面的背景几乎都被金色填满。

金色令克林姆特的画光彩夺目、富丽璀璨，具有极强的装饰效果，也令它们在百年之后遭人诟病。当《阿德勒 · 布罗赫 · 鲍尔像》在竞拍中创下 1.35 亿美金的惊人成交额，一些不看好它的艺术评论家很不服气地撰文揶揄道：**“值更多？显然，他们指的不是钱。是指从画上刮下来的金子值那个价吗？”**

世纪之《吻》

克林姆特爱黄金，更爱女人。尽管他终身未婚，他的情人却不在少数。坊间流传着许多关于他的风流韵事，在他去世后，据说还有不少私生子跳出来争夺遗产。

在克林姆特的一生中，女人是他创作的灵感源泉之一。克林姆特的作品中，除了少数风景画，其余几乎都是女人。他很少画男人，除非是肖像画；而当他画男人时，他们不是低着头，就是背过身去，总之，很难看清他们的脸和表情；但女人就不一样了——在克林姆特的笔下，女人们总是千娇百媚、姿态各异，她们身穿缀满具有象征意味的螺旋形、圆形、方格及绿色藤条与金色藤条的服饰，在颇为抽象的背景前用自己的形象诠释着生与死，诠释着爱与性。

《吻》是克林姆特的作品中最为著名的一幅。这幅作品创作于1907年至1908年，它保留了克林姆特一贯的绘画风格——金碧辉煌、具有镶嵌风格、极具装饰性，却情感充沛：画中女子娇弱无力地跪在地上，她的爱人正俯身亲吻她，尽管看不见他的脸，但女子一脸沉醉的表情却唤起人的无穷想象，使人能感觉到这对在缀满鲜花的草地上热吻的情侣浓浓的幸福。

克林姆特曾说：**“任何想更了解我的人……应该谨慎地看看我的画。”**

他擅长用充满暗示的绘画来表达男女情爱，也擅长用绘画来表达各种各样的寓意。他那些看似在描绘男女情爱的作品实则蕴含着他对人生的探索与思考，绚丽豪华的表象之下蕴含的是人生的苦闷、悲痛、

克林姆特《吻》

压抑与死亡。

如《女人的三个阶段》，画的是三个不同年龄阶段的女人：一个纯真无邪的幼女，一个正抱着幼女的青春貌美的年轻女子，还有一个身材变形走样、瘦骨嶙峋、皮肤松弛的老年女人。克林姆特运用象征的手段，借这三个女人谱写了一首不可逆转的人生三部曲，令人感到哀婉忧伤。

不凡之恋

尽管克林姆特的私生活混乱尽人皆知，但他与艾米莉·弗洛吉的爱情却令人感动。

艾米莉·弗洛吉是海伦娜的妹妹，而海伦娜则是克林姆特的弟媳，与恩斯特育有一女。1892 年恩斯特不幸亡故，克林姆特成了侄女的监护人，他在替弟弟处理家务事的过程中和艾米莉坠入了爱河。

艾米莉是个独立的女性，集美丽、才华、优雅于一身。1904 年，弗洛吉三姐妹合开了一家时装店，开创了女性为女性量身定制衣服的先例，艾米莉成了维也纳首屈一指的女裁缝和设计师。她非常大胆，率先将短裙当作时装销售，将女人们从用鲸骨做支架的维多利亚式女裙中解放了出来。不过，艾米莉的许多创意未必是她自己的主意。她的背后有着一个设计师团队，而克林姆特正是这个团队的组建者之一。

克林姆特全力支持艾米莉成为维也纳一流的时装设计师，艾米莉则细心照料着克林姆特的生活，两人在事业上相互合作、形影不离，在生活中也彼此关照，每年夏天都会一起避暑。但或许是他们不需要通

克林姆特《艾米莉·路易·弗洛吉的画像》

过法律来证明对彼此的爱情，又或许是想给彼此更多的自由，尽管两人宛若夫妻，却始终没有结婚。

尽管如此，艾米莉依然是陪伴克林姆特时间最长的一位女友。他们在一起的日子里，克林姆特创作了许多迷人的作品，其中就包括《艾米莉·路易·弗洛吉的画像》。因为有爱，在克林姆特笔下，艾米莉身材窈窕、高雅端庄，焕发出一种迷人的浪漫气质。艾米莉无疑成了克林姆特生命中最重要的人。当1918年克林姆特因中风卧于病榻时，奄奄一息的他说出的最后一句话是：“去请艾米莉。”

德国当代“第一伟大的画家”
——门采尔

画家：阿道夫·冯·门采尔（Adolph von Menzel，1815—1905）

国籍：德国

代表作：《轧铁工厂》

类型：油画

艺术风格：现实主义

为《弗里德里希大王传》画插图

1905 年 2 月初的一天，天气阴沉，整个柏林仿佛还未从冬眠中清醒过来，显得异常安静。路上只有少数行人，他们行色匆匆，在风中裹了裹大衣，继续朝前走去。他们要去的地方，是施普雷河畔的老博物馆，一支盛大的送葬队伍正从那里经过——在这一天，德意志帝国永远失去了一位绘画巨匠——他是继丢勒以来德国最伟大的画家，是德国 19 世纪现实主义绘画的代表。他就是欧洲画坛罕见的绘画天才阿道夫·门采尔。

阿道夫·门采尔诞生于 1815 年，父亲是一所女子学校的校长。后来，随着石版印刷的兴起，门采尔的父亲转而投身于印刷业，创办了一家石版印刷工厂，门采尔就常在工厂里给父亲当帮工。由于石版印刷与绘画有着密切的联系，门采尔于是迷上了绘画。对于绘画，他不光有热情，还颇具天赋，这些在他 13 岁时就已显露出来。

门采尔是幸运的，因为他有一个当教师的开明父亲，懂得因材施教，在发现儿子的绘画才能后果断将石版印刷厂迁到了柏林。那一年，门采尔 15 岁，他一边在父亲厂里学习印刷术，一边自学绘画，进步迅速。

然而不幸的是，1832 年，作为家庭顶梁柱的父亲突然身亡，养活一家人的重担便一下子压在了门采尔这个长子的肩上。17 岁的门采尔毅然继承了父亲的石版印刷厂。他聪明能干，踏实勤奋，不仅努力撑起了整个家，还开始独立为一些画册、请柬乃至饭馆的菜单绘制、印刷插图——他的绘画事业正是由此起步。

18 岁时，自学成才的门采尔考入了心仪已久的柏林美术学院雕塑专业，开始接受系统的训练。可是命运似乎有意要考验门采尔的毅力，仅仅半年，门采尔便被学校劝退了，原因是校长认为他缺乏艺术天分，根本不适合在学校里继续待下去。

许多人在遭遇权威的否定之后都会遭受打击、丧失信心与继续前进的勇气，门采尔却幸运地扛住了这一打击。或许是他自信他的艺术才能不比人差，也或许是他对绘画的热爱令他可以不计较一切得失，不论何因，门采尔没有因人生中唯一一段在美术学校接受教育的机会被剥夺而意志消沉，他继续自学绘画，努力寻找向世人展示自身才华的机会。

19 世纪 30 年代，年轻的门采尔凭借日复一日的勤苦自学，终于练就了扎实的绘画功底，他开始为歌德的诗集《艺术家的生活道路》和《勃兰登堡－普鲁士历史一览》绘制插图。这些插图画风严谨但技巧高超，使门采尔在画坛得以崭露头角，引起了同行的关注。门采尔被柏林青年艺术家协会吸纳为会员，他作为一个职业画家的身份终于得到同行的承认。当然，要成为画坛巨匠，门采尔还需要走很远，在他迈向成功的道路上，他一如既往地不断练习着、工作着。为了绘画，他分秒必争，因为他知道勤学苦练是成功的必经之路，此外并无捷径可走。

1839 年，34 岁的门采尔接到了人生中第一个极为重要的订单——为《弗里德里希大王传》画插图。

门采尔生活的时代距离弗里德里希大王统治的时期并不遥远，这位伟大人物虽已于 18 世纪末去世，他的影响却无处不在，尤其是他那顽强拼搏、坚韧不屈的精神，深深地影响着他的后人。

门采尔欣然接受了这一订单，并全力以赴投入了创作。为尽可能真实地还原弗里德里希大王及他所生活的那个时代，门采尔查遍档案馆，仔细研究了 18 世纪普鲁士的相关历史资料，对当时各个阶层的衣冠服饰、军中所使用的兵器等也进行了细致的研究。费时 10 年，门采尔终于完成了总量高达 600 幅的史料极为翔实、画风极为严谨的《弗里德里希大王传》插画，而这 600 幅卓越的成品画背后，是 7000 余件费尽心力研究后所完成的素描素材。

门采尔终于成功了，这个自学成才的年轻画家由此蜚声欧洲画坛，被誉为德国版画史上的伟大天才。

时代的镜子

19 世纪 30 年代起，德国开始了工业革命，科学技术的发展促进了德国现实主义美术的复兴，门采尔就站在了这一复兴潮流的最前沿。从 19 世纪 40 年代起，他开始创作一些捕捉日常生活细节的小品类画作。如创作于 1845 年的《有露台的房间》，画的是一个微风吹拂的日子里，明媚的阳光透过露台与房间之间的白色小花纱布门帘照进房间来的景象，阳光照亮粉白的墙壁，光线还落在门口的椅子上、落在光洁的地面上，明亮的镜子里是洒满阳光的沙发椅和其上的装饰画。这幅画描绘得非常精到，使人仿佛能感受到露台外明媚的阳光及被阳光照亮的房间的温暖与舒适。

不过，仅仅靠这些小品类画作难成大气候，一个画家的作品唯有与时代命脉相连才可能成就伟大。门采尔深谙这一点，他曾说：**“艺术家创造和完成的，总是他那个时代所追求的东西，艺术在过去和将来都是与精神发展的每一起落共进的……”**

正是本着这样的创作理念，门采尔开始将他的目光投向了当时德国的社会现实，他密切关注社会问题，用自己的方式来记录当时社会所发生的剧变。如《三

门采尔《有露台的房间》

月死难烈士的葬礼》，记录的是发生在 1848 年 3 月的一场遭到残酷镇压的革命起义。起义爆发时门采尔不在柏林，而当他闻讯匆忙赶回时起义已经接近尾声。门采尔以速写的方式记录了这场触动人心的革命。尽管只是一幅习作，但这幅庄严肃穆、忠实于现实的油画仍不失为一幅杰作。

门采尔还用现实主义的手法来表现历史题材，如以腓特烈大帝为题材的组画便是这一类绘画。《无忧宫的长笛音乐会》是其中最为有名的一幅，在这幅画中，门采尔摆脱了传统绘画中将统治者理想化、英雄化的做法，他根据自己的理解，描绘了多才多艺的腓特烈大帝在无忧宫里吹奏长笛的景象。烛光使得豪华的厅堂金碧辉煌，而画中的腓特烈大帝毫无帝王的威严，而是清秀俊逸，亲切而略显文弱，然而，正是他身上这种似乎与帝王身份不符的气质，赋予了这位传奇人物独特的人格魅力。

从 19 世纪 60 年代起，门采尔还描绘了诸多的风俗画，如《夜晚的结束》《动物园的鹿》《巴黎周末》等等。从他的画作中，观者可以真切感受到当时柏林人们生活的景象。

当然，门采尔的画作中最具代表性的现实主义油画作品当数《轧铁工厂》。

开始创作《轧铁工厂》这幅画时门采尔已经 57 岁，当时他在欧洲已十分有名，不过这个神情严肃、精力旺盛的小老头的创作热情依旧，他没有因为成功而放慢前进的步伐，反而更大踏步向前迈去。他绘画的热情丝毫未减，做事一丝不苟的严谨态度也一点没变。当时德国刚从普法战争中大获全胜，赢得的巨额赔偿款大大促进了德国重工业的发展。为表现这一时代背景，门采尔特地跑去西里西亚工业区体验生活，还专门访问了柏林的轧铁工厂。这幅画从 1872 年构思到 1875 年完成，一共耗费了 3 年时间。在这 3 年里，门采尔共画下了数百幅速写素材。

说到这里，不禁让人想起两则广为流传的关于门采尔的小故事。一则说的是一个在街头卖艺的青年画家向门采尔请教卖画秘诀，想知道为什么门采尔的画一完成就受到抢购，而他的画卖了一年都没人要。门采尔问他要多久完成一幅画，那人回答说："一天。"于是门采尔对他说："你不妨倒过来试试看。"当然不是把画倒过来，而是把创作的时间和卖画的时间倒过来。

另一则说的是门采尔随时将纸笔带在身边，遇到打动他的东西就赶紧画下来。有人因此说他患了绘画"狂热症"，而门采尔对此说法毫不介意，还风趣地回答："我希望这个病永远治不好。"

"台上一分钟，台下十年功。"纵使门采尔这样的绘画天才，倘若没有日复一日的勤学苦练，没有长期的反复构思，没有创作前充分的研究、观察及素材的积累，恐怕也难以成为绘画大师，难以画出《无忧宫的长笛音乐会》《轧铁工厂》这样的杰作。

晚年时，门采尔前半生付出的辛勤劳动开始收获回报，他被聘为柏林大学荣誉校长，还成了彼得堡美术学院荣誉院士。1898 年，83 岁的门采尔获得了"黑鹰勋章"和贵族称号。这位德国 19 世纪成就最大的画家于 1905 年以 90 岁的高龄在柏林去世，身后留下了大量的油画作品、80 本素描集和 7000 幅单张素描。

门采尔《无忧宫的长笛音乐会》

门采尔《轧铁工厂》

献身艺术的贵族小姐

——卡萨特

画家：玛丽·史蒂文森·卡萨特（Mary Stevenson Cassatt，1844—1926）

国籍：美国

代表作：《蓝色扶手椅中的小女孩》

类型：油画

艺术风格：印象主义

“宁可你死掉”

1791 年，法国大革命时期妇女领袖玛丽·戈兹发表了《女权宣言》，她号召“妇女生来就是自由的，在她们的权利方面和男人是平等的”，从而翻开了女人为自身争取权利的漫长斗争史的第一页。到了 19 世纪，西方国家的妇女已渐渐挣脱偏见的束缚，开始走向独立，其中不乏堪与世界上最优秀的男人并驾齐驱的卓越者，她们凭借自己的勇敢和智慧，在科学、文学、艺术等多个领域创造了非凡成就，玛丽·史蒂文森·卡萨特就是其中的一个。

玛丽·史蒂文森·卡萨特是美国 19 世纪最重要的画家之一，她出生于美国宾夕法尼亚州的匹兹堡市，父亲是17世纪前往美国淘金的一个法国人的后裔，名叫罗伯特·辛普森·卡萨特，他是一位成功的股票经纪人和房地产投资者，十分富有。而她的母亲凯瑟琳则是来自富豪之家的大家闺秀，受过良好的教育，对卡萨特具有深刻影响。

卡萨特《自画像》

作为上流社会的小姐，卡萨特从小见多识广，受过良好的教育。她的父母喜好旅行，还很小的时候，就得以跟随父母前往欧洲遍游伦敦、巴黎、柏林等地，在国外她学习了德语和法语，也在绘画和音乐方面受到了启蒙。

1861年，卡萨特考入宾夕法尼亚大学美术学院，成为学院里鲜有的女艺术生之一。当时，距离玛丽·戈兹发表《女权宣言》已过去半个多世纪，但妇女在许多方面仍受歧视，譬如在宾夕法尼亚大学，女学生被禁止同男学生共享裸体画课程，而只能通过人体解剖课来掌握人体结构——这样的时代背景，注定卡萨特选择当职业画家的道路会充满艰辛，而当她做出这一选择时，首先反对她的是她的父亲。

罗伯特允许女儿学习艺术来提高自身修养，但当卡萨特决定前往欧洲继续深造并打算将来当一名艺术家时，他的态度非常坚决，他说："我宁可你死掉，也不愿你一个人去欧洲当画家！"但卡萨特的态度也非常强硬，最终她说服父亲，于1866年登上了再度前往欧洲的轮船。这一年，卡萨特22岁。

重回欧洲

抵达欧洲后，卡萨特先在意大利、西班牙等地游览了一圈，然后她来到法国，开始了真正的艺术生涯。

卡萨特拜在让·莱昂·热罗姆的门下学习绘画。这位画工扎实的学院派巨匠是当时法国最具盛名的艺术家之一，不光在法国，他在整个欧洲都饱受赞誉。卡萨特一边向热罗姆学习绘画技艺，一边在卢浮宫不断临摹大师的作品，逐渐进入了巴黎艺术圈。1868年，24岁的卡萨特已经小有成就——她的画被官方沙龙接纳了！

然而，就在卡萨特在法国画坛崭露头角时，1870年普法战争爆发，她不得不回到美国，这时，此前因为距离遥远而一度被淡化的父女矛盾再度爆发。多年过去，罗伯特仍不同意女儿成为一名艺术家，他很勉强地支付着女儿的日常生活费，却不愿花一分钱来支持她的艺术。卡萨特的另一重压力来自其作品在画廊展出的表现不佳——它们虽赢得了一些崇拜者，却无人购买，这令她陷入了财务困境。

强烈的自尊心令卡萨特决定无论如何不向父亲低头。可是，接下来该怎么走？没有收入来源的卡萨特感到万分沮丧。1871年，她在一封信中曾如此说道：**"我已经放弃了我的工作室，撕毁了我父亲的肖像，并且在六周内没有碰过画笔，直到我看到有回欧洲的前景时才会再次**

拿起画笔。明年秋天，我需要去西部并找一份工作，但我还没有决定去哪里。”

好在艰难时光没有持续太久，随着普法战争的结束，卡萨特又看见了曙光。她毫不迟疑地在 1871 年秋天回到了欧洲，并有意迎合沙龙的审美趣味来创作——她是一个聪明人，知道追求理想的艰难，不管怎样，活下来才是所有事中最重要的事。欧洲人没有忘记这个禀赋卓越的美国女画家，从 1872 年起，卡萨特的作品在沙龙上广受好评并开始售出，她在欧洲的知名度也逐渐打开。

不过在 1877 年，卡萨特又遭遇了事业低谷期，这一年，她的作品全都被拒，沙龙上一幅都没有露面。但这也并非全是坏事。卡萨特早就厌倦对沙龙审美趣味的一味迎合。她不是一个循规蹈矩的学院派画家，其实早在 19 世纪 60 年代，她就已经对印象派先驱马奈的作品表现出极大兴趣。《草地上的午餐》对她触动很大，令她开始探索全新的绘画方式。这么多年来，卡萨特一直在探索，只是尚未明晰前进的方向，直到 1874 年她在印象派画展上见到了那些令人耳目一新的作品，她才恍然大悟、如梦初醒。尤其是德加的作品，给她留下了深刻的印象。德加对卡萨特来说有多重要，卡萨特在后来曾如此写道：“我认识到谁才是我真正的老师，我敬佩马奈、库贝尔和德加……第一次见到德加的画是我艺术生命的转折点。”

遇见德加

卡萨特与德加的相识是在印象派第一次画展 3 年之后，也即卡萨特遭遇事业低谷期的 1877 年，卡萨特在蒙马特的工作室是两人第一次见面的地方。当时，德加一进入卡萨特的工作室就立刻被她的作品吸引了，他发现他们之间对于绘画的感觉是如此相似，一下对这位才华横溢的美国女画家产生了好感。

卡萨特是德加的学生，也是他的红颜知己。他俩的工作室挨得很近，卡萨特常跑到德加的工作室参观学习，紧随德加的步伐。受德加的影响，她开始画粉彩画，开始跟德加一起创作版画，还效仿德加用油彩、粉彩和水彩的混合材料来创作。她和德加一样在绘画中使用 S 形曲线构图，尝试蛋彩画、胶画和金属材料绘画等非传统的绘画媒介，甚至连德加在绘画之外的爱好她也要学习——德加曾经一度对摄影十分痴迷，而卡萨特在结识德加后也爱上了摄影。

卡萨特崇拜德加的艺术，她说：**“我以前常常把鼻子压在窗户上，尽力吸收他的艺术”“这改变了我的生活，我看到了艺术，因为我想看见它。”**

当然，德加也非常欣赏卡萨特，他时常去卡萨特的工作室看看她的新作，从她的作品中寻找灵感，有时还会忍不住为她的画作添上几笔，并不时请卡萨特当她的模特，画下了多幅她的肖像画。

正是在德加的影响之下，卡萨特画出了她的代表作《蓝色扶手椅中的小女孩》，这是一幅从构图到用色都十分别致的画作，几张带扶手的沙发占去了画面的绝大部分，而鲜亮的颜色则将小女孩的皮肤衬托得更加娇嫩。据说卡萨特最初只画了扶手椅上的小女孩，正是德加建议她加上背景，这幅画才成了现在的样子。而创作于 1879 年的《莉迪亚在包厢》则表明此时的卡萨特已经完全掌握了印象主义的技法。

1879 年，受德加之邀，卡萨特首次参加了印象派画展。此后多年

卡萨特《蓝色扶手椅中的小女孩》

里，直到 1886 年印象派解散，卡萨特一直是印象派活跃的成员之一。她很上进，也很努力，她的进步之快令人吃惊，以至于 1880 年，向来不轻易夸人的德加看了她的作品后忍不住说道：**“她的作品比去年更强更高贵。”**

成为偶像

1890 年，卡萨特找到了属于自己的绘画风格，也找到了属于自己的绘画主题，当德加不厌其烦地在画布上表现穿芭蕾舞裙的少女时，卡萨特则开始专注于表现款款情深的母子。她创作了《洗澡》《埃米和她的孩子》《床上的早餐》《宝宝的抚触》等杰出画作，在她的笔下，母亲温柔真诚，孩子天真可爱，生动的造型、丰富的色彩，总能唤起人愉悦的情感。

人们习惯于认为一个女人内心最大的温柔通常是成为母亲后被唤起的，可卡萨特并非一个母亲。

卡萨特是个极有个性的现代女性，她公开支持女权主义，在她的画作中，女人们总是充满自信与尊严，而她自己也是如此。她独立自强，在她再次前往欧洲而父亲决定中断对她的一切经济援助后，她一直都靠自己努力坚持着艺术创作，她用行动证明着自己不需要倚靠任何一个男人，她可以独自过得很好。即便是卡萨特十分崇敬并且走得很近的德加，在说出一些刺人的话时，她的自尊心也不允许她选择忽视或容忍，而是选择远离。他们会连续数月不说一句话，直到某一幅画的出现，两人才会因为共同的艺术热情再度和好。

对待德加尚且如此，对待别的男人更不必提。曾有一个比卡萨特小 6 岁的银行家追求卡萨特，他常从昂贵的品牌店里买来项圈和碗送给卡萨特的宠物狗，但卡萨特却对他很不客气。有一次，他们一起去看委拉斯开兹的画，卡萨特对她的追求者说：“买这幅画吧，像你那么有钱到可耻的地步，买这幅画将拯救你。”

年轻时卡萨特就不屑于讨人喜欢，步入晚年后在画坛上已享有盛名的她，更加不会轻易迎合他人。1926 年，在德加去世 9 年之后，卡萨特也离开了人世。她一生未婚，将自己献给了艺术。

卡萨特《戴白色大帽子的弗朗索瓦》

俄罗斯风景画的终结者

——列维坦

画家：伊萨克·伊里奇·列维坦（Isaak Iliich Levitan，1860—1900）

国籍：俄国

代表作：《白桦林》

类型：油画

艺术风格：巡回展览画派

萨符拉索夫教授

1900 年夏天，在巴黎举行的万国博览会上，俄国展馆中有一位画家的画被蒙上了黑布，一些人驻足在前静默地望着，一些人则悄然用手拭去眼角的泪水，为一个天才画家的早逝而哀叹。

这位画家名叫伊萨克·列维坦，他出生于立陶宛一个名为基巴尔塔约小镇的犹太家庭，后来随父母迁居莫斯科。列维坦从小就对绘画感兴趣，13 岁时他就读于莫斯科绘画雕塑建筑学校，以追求自己的艺术理想。不幸的是，不久后父母的相继去世给这个六口之家带来了重重的考验：少年列维坦因交不起学费差点被学校开除，也曾因贫困衣衫褴褛、流浪街头，在沙皇政府迫害犹太人的那段时日，他还曾被驱逐出莫斯科，尝尽了人间疾苦。然而，屈辱、贫困以及因犹太血统而受到的歧视没有压垮列维坦，他顽强地顶着重重压力，半工半读，最终以优异的成绩完成学业，成为一名卓越的职业画家。在这个过程中，不得不提到一位对列维坦带来深刻影响的人，他就是萨符拉索夫教授。

萨符拉索夫出生于 1830 年，比列维坦年长 30 岁，是俄罗斯巡回展览画派的创始人之一，他创作于 1871 年的《白嘴鸦飞来了》内涵深刻、充满真挚感情，使他成为俄罗斯现实主义风景画的奠基者。列维坦曾在萨符拉索夫的风景绘画班学习，颇受萨符拉索夫器重，这位习惯跟学生称兄道弟、醉酒后喜欢大发脾气的长者将列维坦视为天才，他不仅教列维坦绘画技巧，还为他讲解绘画与俄罗斯文学之间的关系，告诉他如何用深刻的抒情性手法来表现大自然。

1879 年，在恩师萨符拉索夫的影响之下，列维坦创作了处女作《索科利尼基之秋》：秋季里落叶缤纷，一条泥路伸向远方，路上有一个穿黑衣的年轻女子正踏着落叶走来，整幅画弥漫着淡淡的忧伤。这幅画是如此感人，展出后很快就被著名收藏家特烈季亚科夫重金购买收藏，这对年仅 19 岁的青年画家来说不失为莫大的荣誉。

跟契诃夫在一起的日子

1883 年，23 岁的列维坦以优异的成绩从绘画雕塑建筑学校毕业了。他成了一名职业画家，正式踏入了沉重的生活。

作为年少成名的风景画画家，列维坦的事业从一开始就颇为顺利，他的作品常在巡回展览会上展出，经济状况也因此变得好起来。尽管

列维坦《白桦林》

如此，年少时遭遇的不幸却未能从列维坦记忆中抹去，它们给他造成永久性伤害，列维坦时常陷入情绪低谷——他患上了抑郁症。发病时，他会扛上猎枪、带上猎狗冲出门去，在广袤的原野和林间游荡。俄罗斯美丽的原野和森林像温柔的母亲般抚慰着这个内心忧郁的年轻人，可有时，这位大自然母亲也感到无奈，因为她的孩子实在病得太重，严重时甚至会产生想要自杀的念头。

当列维坦陷入重度抑郁时，总是契诃夫一家前来相助。

契诃夫的二哥与列维坦是同学，跟列维坦同岁的契诃夫与列维坦是彼此仰慕的挚友，而契诃夫的妹妹玛莎则是列维坦的初恋情人。列维坦曾受邀与契诃夫一家住在一起，契诃夫在他的书房写作，而列维坦则在他那被称为鸡窝的画室里作画。工作之余，他们常到林间去散步。

当时，契诃夫的一个兄弟曾为他们这位画家朋友写过一首颇为有趣的小诗：

这儿是列维坦的厢房，
里面住着可爱的画家，
他起得很早很早，
一起床就要喝茶，
他吆喝小狗维斯塔，
端盆牛奶来喂它，
茶还没有全喝光，
就轻轻摆弄他的画。

从这首小诗看，列维坦与契诃夫一家一起度过了一段多么愉快的时光！如果说这段时光对列维坦来说有什么遗憾，那就是当他真诚地向玛莎求婚时，玛莎以沉默的方式拒绝了他。而玛莎之所以拒绝列维坦，只因为当她向哥哥契诃夫征求意见时，她的小说家哥哥这样告诉她：“如果你愿意当然可以嫁给他。不过你要注意，他需要的是巴尔扎克小说里那个年龄段的女人（巴尔扎克曾写过《三十岁的女人》），而不是你这样的。”

爱情的失意，令列维坦失落了好长一段时间，但他与契诃夫一家终于还是渐渐回到了往日的那种密切交往中，仿佛所有事情都没有发生过那般，像好朋友那样相处着。

不久，这段愉快的时光因列维坦患上热病而告终。在回莫斯科前，列维坦给契诃夫兄妹送了一幅风景画——《伊斯特拉河》。画面中，那广阔的原野一望无际，宁静的伊斯特拉河因倒映着天空与云影而变得格外深邃，远处是一片金黄的耕地，孕育着丰收的希望，而近处河畔长着浓密的树丛和绿油油的草地。整幅画作充满活力，多么像他们热情洋溢的青春。

跳来跳去的女人

从列维坦的《自画像》看，他长着一头黑色鬈发和俊秀面庞，浓黑的一字眉下是一双深邃、忧郁的大眼睛，浓密的胡须则使他看上去颇具男子汉气概——总之，他长得讨女人喜欢，实际上他也确实颇具女人缘。

库夫申尼科娃是列维坦人生中最重要的女人之一。她是一位警医的妻子，是莫斯科有名的交际花，虽然皮肤黝黑、相貌平平，但她颇有才华，弹得一手好钢琴，也擅长画画，而她曼妙多姿的身材也为她增加了魅力。她的丈夫忙于工作，鲜有闲暇陪伴她，喜爱热闹的她总是在家里举办各种文艺沙龙，其中不乏有名的作家、演员和画家。

库夫申尼科娃有一项本领，那就是她总能及时获悉谁是莫斯科的新晋名流并跟他们结识，成为朋友，年轻有为的列维坦和契诃夫也在她的沙龙受邀请之列。契诃夫不喜欢库夫申尼科娃，拒绝了她的邀请，列维坦却成了她家的常客。这个才华横溢、风度翩翩的年轻画家很快引起了库夫申尼科娃的注意，她借向列维坦请教绘画之机与他接近，后来成了他的“学生”。有了这个身份，她便可以跟列维坦及他的画家朋友们一道去伏尔加河畔写生。

跟列维坦相识时，库夫申尼科娃已不再年轻，但她用她的才华、热情和一个成熟女人所能给予的无微不至的关怀迷住了列维坦。契诃夫说得没错，年少即失去双亲的列维坦太需要一个这样的女人，他明知库夫申尼科娃不是他要娶的女子，却像被卷入漩涡一样陷入了这场有损于他名声且注定不会有结果的爱情。

这份爱情最初是甜蜜的。列维坦和他的女“学生”常常外出度假，他们一同写生，一起乘坐小船沿着伏尔加河旅行，看见迷人的景色就住下来，享受美妙的爱情。在库夫申尼科娃的陪伴下，列维坦画下了《幽静的去处》《雨后》。如果说此前列维坦的画作里满是沉郁忧伤，那么此时，他的作品随着他的心情一同晴朗起来。用他的挚友契诃夫的话说，此时列维坦的画里“出现了微笑”。

列维坦的名作《深渊》也创作于他跟库夫申尼科娃相好的那段时期。当时，他和库夫申尼科娃一起去特韦尔省一处幽静的农庄小住，离那里不远有个庄园，旁边有个深渊，深渊上架着一座独木桥。庄园女主人伍尔夫男爵夫人向列维坦讲述了一则发生在这里的悲惨爱情故事：一个磨坊主的女儿爱上了一个年轻英俊的农夫，她的父亲为拆散这对恋人，设法让年轻人被抓去当兵，而当时俄罗斯的兵役为终身制。姑娘闻讯后悲痛欲绝，冲出家门，跳进了密林中的深渊。

这个故事令列维坦十分感慨，回到住处后他的内心仍无法平静，于是画下了那片密林中的深渊：天空布着阴云，丛林幽静浓密，其旁的深渊一半被阳光照亮，一半是黑森森的倒影，它平静而深邃，透出无尽的忧伤，仿佛那逝去的灵魂并未消逝，而是在那独木桥上来来回回地游荡叹息。

在女伴体贴入微的关怀和照顾下，列维坦迎来了他的创作高峰期，结出了累累硕果——《墓地上空》《弗拉基米尔路》等杰出的风景画一幅接着一幅被创作出来，列维坦也渐成享誉世界的大画家。

然而多年过去，一向不喜欢库夫申尼科娃的契诃夫仍旧看不惯她

列维坦《弗拉基米尔路》

跟自己挚友间的关系，他创作了《跳来跳去的女人》，对库夫申尼科娃进行了嘲讽。在小说中，他是这么形容库夫申尼科娃的：

她唱歌、弹琴、画油画、雕塑，参加业余演出，所有这些她都不是马虎从事，而是干得十分有才气。不论扎个彩灯，还是梳妆打扮，哪怕只给人系条领带，她都做得特别艺术、雅致、招人喜欢。不过，有一方面她的才能表现得特别突出，那就是，她善于很快结识名流，很快跟他们搞熟。只要有人稍稍出了点名气，引起人们的议论，她就立即去拜访他，当天跟他交上朋友，并请他到家里来做客。每结交一个新的名人对她来说都是真正的喜庆。她崇拜名人，为他们骄傲，每天夜里都梦见他们……

无须看后面的故事，光是这一段描述，一个“跳来跳去的女人”就已跃然纸上。契诃夫这篇小说的主人公的丈夫是个庸常的医生，而她的情人则是一位才华盖世的年轻画家，尽管小说人物都已改名换姓，但谁都看得出作者是在影射谁。当库夫申尼科娃得知契诃夫竟然如此描述自己，且未经同意就将她与列维坦的许多隐私以小说的形式公之于众时不禁勃然大怒。据说在她的怂恿下，列维坦与契诃夫这对挚友曾一度闹到决裂。

在一位大臣的庄园里

1892 年，列维坦和别的犹太人一样再度被沙皇政府逐出莫斯科，费尽周折后才得以回来。库夫申尼科娃为他举办了一场别开生面的庆祝会。然而，另一个女人的出现打破了列维坦和库夫申尼科娃平静的生活。她是彼得堡一个大臣的夫人，叫图尔恰尼诺娃，遇见列维坦时，她正带着三个女儿在奥斯特洛甫斯诺湖畔的自家庄园里度假，而列维坦和他的女伴也在那附近消暑。上一个夏天，他们曾在那里度过了非常愉快的时光。

图尔恰尼诺娃显然早已听闻列维坦的大名，也对他的才华非常倾慕，于是邀请他和他的女伴去她的庄园里做客。库夫申尼科娃嫉妒庄园女主人的聪明过人、谈吐文雅和举止大方，更嫉妒列维坦无意间对对方流露出的好感。回到住处后，这个吃醋的女人大发雷霆，扬言要与列维坦分手。列维坦敏感脆弱的神经经不起她的哭闹与要挟，他的抑郁症又犯了，他带着猎犬独自出了门，以为躲进森林里就可以逃过与库夫申尼科娃之间的争吵，却想不到等他回来时库夫申尼科娃非但没有消气，反而闹得更凶了。最终列维坦的沉默让盛怒的女友拂袖而去，两人之间长达 8 年的恋情就此结束。

当库夫申尼科娃离列维坦而去时，图尔恰尼诺娃向他敞开了怀抱。列维坦拥有了新的情人，烦恼却一点也没变少。因为不只大臣夫人对他投怀送抱，大臣的女儿也给他送来一封封火辣的情书，母女成了情敌，坠入爱河不可自拔的年轻姑娘请求跟他私奔。烦恼不已的列维坦再度发病，他朝自己开了一枪，这才从纷乱的感情纠葛中脱出身来。只是经历这一切后，他变得更加脆弱了。

“我只娶你，玛莎！”

列维坦与契诃夫恢复了友谊，并继续放纵感情，跟图尔恰尼诺娃保持着藕断丝连的关系。不过，不论发生什么，他生活的重心从未发生偏离——他继续创作，画下《金色的秋天》，画下万物复苏的《春潮》。生命在秋冬凋落，在春夏复苏，周而复始，列维坦就在这周而复始中思索着大自然的生与灭，用画笔记录着这一切在他心底激起的涟漪。

时光流逝，当年的天才少年已年近不惑。当列维坦与契诃夫重归于好后，玛莎又重新回到了他的生活中。经历两段与巴尔扎克小说里那种年龄的女人间的感情后，列维坦越发觉得玛莎纯真可爱。然而，尽管他们彼此相爱，尽管每次列维坦病重时玛莎都像亲姐妹或说像真正的恋人那般无微不至地赶来看望他、照顾他，可他们已不可能结婚了。

列维坦患上了严重的心脏病，常常感到喘不过气来，他预感自己无法再带给玛莎幸福了。与此同时，玛莎因为哥哥契诃夫患有肺结核

列维坦《金色的秋天》

列维坦《俄罗斯的湖》

这种在当时非常难治的病，决定谁也不嫁专心照顾他。

列维坦曾不止一次在见到玛莎时对她说："如果我什么时候结婚，我只娶你，玛莎！"

听了这话，看着列维坦原本俊美的面庞日渐消瘦，原本忧伤但炯炯有神的眼睛日渐失去神采，玛莎难过得掉下了眼泪。

命运不断给予列维坦沉重打击，列维坦却始终对生活充满热爱。他在胸口敷上黏土，在身体略好些时继续作画。他的画风越来越成熟，画作在展出时获得了一致的赞美，但他的身体却每况愈下。

1899 年冬，列维坦前往契诃夫在雅尔达的新居看望老朋友，顺便也在那里养病。契诃夫兄妹从信中得知列维坦要来，高兴得忙里忙外，准备迎接这位贵客，可当他们见到他时，却为他憔悴虚弱的身体黯然神伤。

不过，谁都没有将心事表露出来，大家都装作很轻松的样子，彼此开着玩笑。尤其是善于说笑的契诃夫，一会儿称列维坦为"教授"，一会儿又称他为"院士"（1898 年列维坦获得院士称号，并回母校莫斯科绘画雕塑建筑学校担任教授），一会儿又说不能再叫"你"，而应该称"您"。气氛变得欢快起来。

在契诃夫家小住的日子里，列维坦与好友在面朝大海的阳台欣赏日升日落，一起在海滨悠闲散步，也一起去街市溜达观光。一天晚上，契诃夫在闲聊中说他非常想念俄罗斯北方的风光，列维坦便让玛莎取来纸笔，飞快画下了一幅《干草垛》。

列维坦在契诃夫家度过了新年，然后回到莫斯科，继续工作。1900 年夏，他带学生去乡间写生时不慎着凉感冒，心脏病加重，一度陷入昏迷。玛莎从雅尔达赶往莫斯科看望列维坦，病重的列维坦颤抖着嘴唇，用尽力气对玛莎说：“玛莎，如果什么时候我结婚，我只娶你。”

数日后，因列维坦的情人图尔恰尼诺娃前来照料病人，玛莎就回雅尔达去了。不想此一去竟成永别——1900 年 7 月 22 日，天才画家列维坦带着遗憾与世长辞，永远地告别了他所热爱的大自然和他那些亲切的朋友。列维坦去世后，他的挚友契诃夫沉痛地说道：**“他是一个伟大的独树一帜的天才，他的作品是那么清醒有力，本该引起一场变革，可惜他死得太早了。”**

被追踪的堕落艺术家
——蒙克

画家： 爱德华·蒙克（Edvard Munch，1863—1944）

国籍： 挪威

代表作：《呐喊》

类型： 油画

艺术风格： 表现主义

一再丢失的名作

1994 年 2 月 12 日，第 17 届冬季奥运会在挪威利勒哈默尔开幕。挪威国王哈拉尔五世在雄伟的高山滑雪场地山脚下宣布大会开始，在挪威著名人类学家、探险家托尔·海亚达尔和著名女演员利夫·乌尔曼的主持下，跳台跳雪运动员斯登·哥鲁本手持奥运圣火飞跃了一百多米，随后，他稳稳降落在主体育场内，滑雪运动员凯瑟林·诺丁尼斯接过圣火，将它交给哈肯·马各努斯王子……

然而就在这一天，距离利勒哈默尔一百多公里的首都奥斯陆却发生了一起重大盗窃案：两名男子偷偷潜入奥斯陆国家美术馆，顺着梯子爬到蒙克馆的窗外，敲碎玻璃，迅速从墙上割下一幅价值连城的油画，然后迅速撤离。窃贼的动作十分敏捷，整个盗窃过程尚不足一分钟。

大约一个月后，窃贼向奥斯陆国家美术馆提出了以 100 万美元作为赎金的条件，被奥斯陆国家美术馆拒绝了。时隔 3 个月后，这幅名画才终于被警方送回了国家美术馆并重新挂到墙上。而这幅失而复得的画就是表现主义代表画家爱德华·蒙克的代表作——《呐喊》。

提起表现主义，人们往往会想起蒙克，而提起蒙克，人们最先想到的往往是《呐喊》。在蒙克的画作中，《呐喊》无疑是知名度最高，同时也最具代表性的一幅作品：青色的面孔、空洞的眼睛、张大的嘴巴、捂住耳朵的双手、扭曲的身体，共同构成一个幽灵般的人，他脚下的道路和头顶的天空如血如火，他左侧的峡湾深沉、阴暗、扭曲。

《呐喊》创作于 1893 年，即蒙克 30 岁这年，它的创作灵感来自一次散步。据蒙克自述，在创作这幅画几年前的一个傍晚，他跟朋友一起在奥斯陆城北的峡湾边散步，突然，天空变成了血红色，峡湾边的云彩也变得一片猩红，他忽然感受到一种悲伤的气息，感到浑身不舒服，于是他停下来，靠在篱笆边眺望峡湾，似乎听见了大自然在发出尖叫。几年之后，蒙克将当时那种感觉搬上了画布，画面充满了恐惧、悲伤的气息，观者仿佛能听见画中人发出的尖利呐喊。

《呐喊》问世之初在柏林公开展览时并未受到好评，那些习惯了赏心悦目的艺术品的评论家们对它表现出极大的厌恶，但它凭借强烈的感染力和独特的人物造型不断闯进人们的精神世界，向世人淋漓尽致地展现了死亡和孤独这两大蒙克最爱表达的精神主题，并在时间流逝中沉淀下来，渐成经典。如今，这幅画已被视为蒙克艺术的巅峰之作，

蒙克《呐喊》

画中那身体扭曲、正在痛苦呐喊的形象常常出现在咖啡杯和文化衫上。

正是因为有着这样广泛的影响力，这幅画常常成为盗贼和抢劫犯觊觎的目标。2004 年 8 月，继这幅名画于奥斯陆国家美术馆失窃 10 年之后，它的另一个版本又在蒙克博物馆丢失了，不过这次是遭遇了光天化日下的持枪抢劫。当时，两名蒙面男子闯进蒙克博物馆，一个用枪对着馆内的工作人员、保安和游客，另一个快速从墙上扯下了《呐喊》和另一幅画作，随后坐上早已等候在一旁的车子逃之夭夭。直到两年之后，这幅画才完璧归赵。

对于《呐喊》的频繁丢失，一名为艺术家写传记的美国作家风趣地说道："犯罪是最真诚的恭维。"

活在童年的阴影之下

蒙克的作品总是充满痛苦和悲伤，除了《呐喊》，他的作品《青春期》画的是从睡梦中惊醒，因初潮的到来而对未来人生充满不安的少女；《病中的女孩》画的则是病床上肤色苍白、颤抖着双手的女孩。据说为了抓住"第一印象"，蒙克将《病中的女孩》这幅画画了又画，经历了画好——刮掉——再画——再刮掉的近乎疯狂的创作过程，但结果他仍不满意。《忧虑》则画了面无表情、宛若送葬队般默默行走的人群，他们脚下的道路和头顶的天空与蒙克在《呐喊》中呈现的十分类似。蒙克画中传达出的不是对痛苦、死亡、疾病的理性思索，而是一种强烈的情绪。这种情绪正是来自蒙克自身，来自他的生活经历。

蒙克出生于挪威小城雷登的一个军医家庭。他的父亲克里斯蒂安·蒙克来自名门望族，但不富有，在随军驻扎雷登时与劳拉·凯瑟琳相爱，随后结婚生子，搬到奥斯陆生活，度过了几年幸福时光。

可是自从 1868 年之后，不幸频频光顾这个家庭：先是 1868 年，蒙克的母亲凯瑟琳因肺结核病逝；数年后，蒙克的姐姐索菲也被肺结核夺去了生命，当时她还是一个十几岁的少女；母亲去世后，父亲克里斯蒂安狂热地信仰宿命论和加尔文教，他还患有精神疾病，不时发病；后来，妹妹劳拉因患精神分裂症被送进了精神病院——有研究者认为，蒙克在创作《呐喊》时强烈的痛苦情绪跟妹妹劳拉有关，因为他当时散步的地方有一所精神病院，妹妹劳拉就关在那里。

母亲和姐姐的死，父亲和妹妹的病，给这个多灾多难的家庭蒙上一层阴影。这层阴影自蒙克幼年时起就笼罩在他的心头，此后随着一系列家庭变故愈加挥之不去。

母亲临终时，5 岁的蒙克和姐姐索菲就陪伴在她的病榻旁，蒙克目睹了病魔如何无情地夺走了一个人的生命；姐姐索菲的死，更是令他感到生命的无常。而蒙克之所以对疾病和死亡如此惧怕，还因自己自幼体弱多病，经常生病发烧。想起母亲病重时的情景，蒙克担心自己也随时可能死去；而想起妹妹劳拉和父亲发病时的可怕景象，他则常常怀疑自己也可能患有家族遗传的精神疾病。

蒙克活得很压抑，他的童年一直被笼罩在死亡和疾病的阴影之下，而当他长大以后，那些痛苦的回忆和对死亡的恐惧始终在他心中挥之不去，折磨着他，迫使他一生都在寻求解脱。

绘画是蒙克释放痛苦、发泄情绪的一个途径。1879 年，蒙克遵从父亲的期望进入了工学院学习，但频繁患病迫使他中断了学业，同时，他也不想成为工程师。1881 年，蒙克考进了奥斯陆皇家艺术和设计学院。但他不愿循规蹈矩地作画，他的艺术充满了激进的元素。

1885年，22岁的蒙克创作了他的第一幅大作《病中的女孩》，画的是病床上临死的索菲。创作时，对往事的回忆令蒙克泪如雨下，他受此启发，将一瓶颜料稀释剂喷在了画布上，因此便有了画面上有如泪痕一般的条纹。

次年，这幅画在展出时未获好评，可蒙克却对这一主题欲罢不能，此后，他曾多次重复描绘索菲的病与死，仿佛唯有如此才能摆脱死亡和永别带给他的伤痛。

除了索菲，蒙克也画逝去的母亲。在《逝去的母亲》一画中，母亲面目模糊，苍白瘦削，像幽灵般躺在病床上，即将跟她遭受同样厄运的年幼的索菲背对母亲站着，她站在红色的地上，双手捂耳的姿势几乎跟《呐喊》中那个发出尖叫的人一样。

被追踪的爱情

当然，蒙克的生活并不总是黑色的。他也有欢快的时候，他的欢乐来自酒精——从很年轻时起，他就养成了早餐前先喝上几杯的嗜好，而晚上更是醉得一塌糊涂；他的欢乐还来自女人。

蒙克的朋友曾说蒙克是“全挪威最英俊的男人”。有一张蒙克的老照片，照片上的他戴着一顶礼帽，穿着衬衣和外套，看上去有些忧郁，但英气逼人。年少时的不幸和内心挥之不去的痛苦并未影响到蒙克对女人的魅力，他的帅气和独特的气质令他格外引人注目。

米里·贝雨克是蒙克的第一个女人。她是一个有夫之妇，给了年少单纯的蒙克初恋的甜蜜与美好，也因她丈夫的存在，蒙克尝尽了爱的苦涩和嫉妒。这段注定不会有结果的恋情随着蒙克留学巴黎而告终。对蒙克来说，这段爱情似乎痛苦大于甜蜜。多年之后，他画下了以“爱与痛苦”为主题的系列画作，其中有一幅便是《吸血鬼》，画中一个红头发的女人趴在一个跪地求爱的男人脖子上亲吻，如同吸血鬼般吸取着男人的灵魂。这个为爱而痛的男人，正是蒙克自己。

后来，又有几个女人从蒙克的生命中路过，其中对蒙克影响最深的恐怕要数朵拉。

朵拉是一个葡萄酒商的女儿，1898 年与蒙克相识，她对容貌俊美的年轻画家一见钟情，很快与蒙克坠入了爱河。遗憾的是，朵拉渴望专一的爱情，渴望稳定的家庭生活，蒙克却无法给予她这些——他不想结婚，不想被家庭捆住。具有强烈占有欲的朵拉陷入爱情无

蒙克《吸血鬼》

法自拔，当蒙克厌倦了她的占有欲想要逃离时，她却一路追着他的脚步跑遍了整个欧洲。不论蒙克逃到哪里，他都甩不掉幽灵般紧紧追随他的朵拉。

一天夜里，蒙克收到了一封神秘信件，信上说朵拉想要自杀。蒙克飞快地赶过去（当时朵拉搬到了他的别墅附近居住），却发现朵拉好好地躺在卧室，看上去安然无恙。蒙克企图向朵拉解释清楚他为什么不能跟她在一起，但因爱陷入疯狂的朵拉一句也听不进去。没有人知道那一天这对曾经的恋人之间发生了什么，只知道最终蒙克拿起了手枪，然后，他们俩中的一人扣下了扳机，一颗子弹发射出来，击中了蒙克左手的中指。

这段恋情终于结束，蒙克也为此付出了惨重代价：他的左手永久畸形了，但不仅没有获得人们的同情，还被人们指责将朵拉逼得走投无路。蒙克背负着沉重的精神负担，不得不依赖酒精来麻痹自己，同时以旅行为名奔走他乡。但酒精和旅行没有消除蒙克的精神压力，他时常怀疑自己被人追踪，怀疑自己陷入了跟妹妹劳拉一样的疯狂。在旅行到哥本哈根时，蒙克因四肢经常出现麻木的症状而住进了医院，被诊断为酒精中毒性麻痹。

1907 年，蒙克以历史事件为题材创作了《马拉之死》，画中场景却完全为想象的产物：一个男人裸体躺在床上，一个面无表情的裸体女人站在其旁，仿佛正要离开，鲜血染红了男人的身体、染红了白色床单，同时喷溅到墙壁上、桌上、盘中的水果上、女人的身上。画面中出现的血腥暴力的女杀手形象或许是源于蒙克内心对朵拉的恐惧。

蒙克还画过被杀者和凶手都穿着衣服的《女凶手》，狂乱的笔触是他对感情受创的控诉。

朵拉试图得到蒙克全部的爱情，结果却成了令蒙克恐惧的女人，实在是一大不幸。

蒙克《马拉之死》

独自一个人

与朵拉之间的感情纠葛令蒙克对女人既爱又恨。朵拉后来另嫁他人，蒙克却终生未娶。

结束旅行回到挪威之后，蒙克的精神和身体状态都稳定了许多，个性也发生了改变，他在海滨购置了几套别墅，过起了隐居画室埋头创作的生活。

这时，蒙克已经不再是当年贫穷而默默无闻的年轻画家，他已步入中年，并在画坛享有盛名。死亡、疾病和痛苦与甜蜜交织的爱情仍是他创作的主题，不过他也画风景画，并且接受委托为人绘制肖像画和装饰画。

蒙克为奥斯陆大学讲演厅绘制《太阳》是他后期的代表作品。画作色彩明亮，呈现的不再是阴影和痛苦，而是一轮巨大的太阳从海平面冉冉升起、光芒万丈，海水蔚蓝清澈，山峦美丽壮阔。

除了油画，蒙克在木版画、石版画、铜版画方面也有着独特的创造。而他之所以热衷于版画，据说是因为太过于爱他的“孩子”——他爱他创造的每一幅作品，舍不得将它们卖出去，可是为了生计，他又不得不这么做。后来，他想出了一个两全其美的办法——创作版画，这样，他就可以将大量复制品卖出去，同时又将原作保留在自己身边。

然而当蒙克变得不再缺钱时，他的作品却常被他丢弃在院子里经受风吹日晒。据说有一幅画还被他的狗弄出了一个破洞，令造访他的朋友们痛惜不已。

晚年的蒙克作为杰出的艺术家在祖国挪威大受欢迎，在他 60 岁生日和 70 岁生日时，官方还特意为他颁发荣誉以表祝贺。他的艺术风格在国外也产生了深远的影响，尤其是对德国的年轻画家们，正是受到蒙克的启发，他们最终成为德国表现主义运动的先驱与主力。

有意思的是，二战前夕，希特勒曾下令对德国和奥地利的博物馆进行大清洗，并将他所鄙视的现代艺术整理出来进行了一次“堕落艺术展”，蒙克的作品也在“堕落艺术”之列。可 1940 年春，当纳粹德国入侵挪威时，纳粹党人却试图赢得他的好感，邀请他加入一个挪威艺术家荣誉协会。不过，蒙克拒绝了纳粹党人的邀请。他不顾纳粹的威胁和驱逐令，继续待在家中画画，创作了大量自画像和风景画。

1944 年 1 月 23 日，81 岁高龄的蒙克没有等来挪威解放的好消息，在担惊受怕中离开了人世。他去世后，人们走进了他住处一直不对外开放的二楼，发现了他藏在那里的巨大财富：1008 幅油画、4443 幅素描、15391 幅木版画、378 幅平版画、188 幅蚀刻版画，还有大量照片及许多待创作加工的木板、石板和铜板。早在 1940 年，蒙克就立下遗嘱：他的房屋和全部作品都捐赠给奥斯陆市。1963 年，蒙克的大量遗作都被收藏在奥斯陆市专门为这位伟大画家所设立的蒙克博物馆内。

蒙克版画《忧虑》

一生追求情爱的蒙帕纳斯王子

——莫迪利亚尼

画家： 阿梅代奥·莫迪利亚尼（Amedeo Modigliani，1884—1920）

国籍： 意大利

代表作：《蓬帕杜夫人》

类型： 油画

艺术风格： 表现主义

“我需要火焰才能作画”

在20世纪的众多天才画家中，阿梅代奥·莫迪利亚尼是非常独特的一个。他的独特，既体现在他的艺术上，也表现在他的人生中。可以说，没有哪个画家像阿梅代奥·莫迪利亚尼一样不幸，也没有哪个画家像他这样自甘堕落，没有哪个画家像他一样如此风流成性、没有女人就几乎活不下去，也没有哪个画家像他一样始终游离在现代和古代之间，最终却将这“不纯粹”的艺术推向了极致。

阿梅代奥·莫迪利亚尼出生于意大利里窝那，他的父母都是犹太人的名门望族之后。里窝那是介于热那亚和罗马之间的一个港口城市，这里不太富裕，却有着意大利别处所不具有的自由。原来，大约在阿梅代奥·莫迪利亚尼出生 300 年前，当时托斯卡纳大公斐迪南·美第奇颁布了一纸特许状将里窝那设为自由港，免除了一切经济限制，同时也使其成了欧洲所有受迫害者的避风港。19 世纪，犹太文化在这里一度繁荣，阿梅代奥·莫迪利亚尼的祖先正是在 19 世纪中期从罗马搬到里窝那来的。

在莫迪利亚尼出生前，莫迪利亚尼家族非常富有，木材、煤炭和撒丁岛上的矿产生意使这个家族积累起巨额财富，以至于当地人要说一个人富有时，就说“富得像莫迪利亚尼家的人”。可是，就在 1884 年莫迪利亚尼出生那年，他的父亲因经营不善，在一场经济大萧条中将祖传的巨额家产败得精光，甚至不得不变卖家产、遣散仆人，并从奢华的别墅搬出来，住进了一处普通住宅里。

过往宽绰的日子从此变得拮据，尽管如此，莫迪利亚尼在年少时仍受到了良好的教育。他的第一任老师是母亲尤金尼亚，一个体格魁梧、意志坚强的女人。尤金尼亚懂得英语、法语和意大利语 3 种语言，并且勤奋能干，在丈夫生意失败后，她很快成了家里的顶梁柱，通过写作、翻译、代笔及开设私人学校教书赚钱养家。

在 10 岁之前，莫迪利亚尼一直都是母亲的学生，直到 10 岁之后才接受正规教育，可是才上了 4 年学，他便离开了学校。莫迪利亚尼虽然年纪不大却对自己的人生很有主见——他想成为一名画家。他的这一愿望得到了母亲的支持，于是十几岁时，莫迪利亚尼开始了专业的绘画训练。

莫迪利亚尼的第一任艺术老师叫古里耶摩·米克里，他是意大利斑痕画派创始人乔瓦尼·法托里的学生，擅长用对比色块及斑痕一般的细小笔触来作画，并且提倡户外写生，认为画家应当认真研习大自然和当下的生活。莫迪利亚尼学得很投入，进步很快，没过多久他就学会用斑痕风格创作了。

真正点燃莫迪利亚尼艺术之火的，是广泛的阅读。

虽然只接受了短短 4 年的正规教育，莫迪利亚尼的精神世界却一点也不贫瘠，他阅读了大量哲学和文学作品，对于诗歌尤为钟情，雪莱、王尔德、惠斯勒、但丁、彼特拉克、波德莱尔、马拉美、魏尔伦……莫迪利亚尼不仅熟读这些诗人的作品，而且还能大段大段背诵他所喜欢的诗句。多年后，同为犹太人的俄罗斯作家伊利亚·爱伦堡对莫迪利亚尼做出了如此评价：**“……为其博学而惊诧。我想我从未见过哪个画家如此深爱诗歌。”**

他也喜欢邓南遮，一个不断寻求刺激的小说家和冒险家。他阅读过邓南遮具有自传色彩的《锤下的火花》，并宣称：**“我只有火焰才能作画，才能被火所吞噬。”**

可是，到哪里去寻找生命的火焰呢？

在莫迪利亚尼生活的时代，巴黎是世界现代艺术最为活跃的中心。恰如尼采所说：“一名艺术家，倘若不在巴黎，在整个欧洲也无处安家。”想要在艺术上取得一番成就的年轻艺术家们纷纷从世界各地涌向了巴黎，莫迪利亚尼也不例外。1906 年新年刚过，他便离开一直爱他、支持他的母亲，启程去了巴黎，开启了他此后动荡不安的艺术家生涯。

“蒙帕纳斯王子”

初到巴黎时，莫迪利亚尼对他的个人形象和生活品质还颇为在意。他将自己安顿在一家有名的旅馆，旅馆里有一张床、一张沙发，床上铺着上好的被褥，房间里还有和几把椅子，包括一把扶手椅，此外还有一架坏了的钢琴。莫迪利亚尼细心地将一张大羊毛披肩盖在钢琴上，并用不同风格的意大利绘画杰作的照片装饰了旅馆墙面，使他的居住环境舒适又宜人。

如果莫迪利亚尼的父亲生意不曾失败，或许莫迪利亚尼也可以像埃德加·德加那样一直住在舒适的公寓里，平日里看看赛马，看看歌剧，想画什么就画什么，完全不必为经济担忧，但眼下的事实是，莫迪利亚尼口袋里并没有几个钱——他的父亲根本没有财力支持他在巴黎舒适地生活，而原本在马赛做生意、支持他追求艺术的舅舅也很不幸地在 1905 年因结核病去世了，母亲尤金尼亚成了莫迪利亚尼唯一的依靠，答应每月给他 200 法郎生活费。

200 法郎，如果只是用来过普通生活，并且能够精打细算地安排每日开销的话，在巴黎生活或许也够用。曾有人对当时巴黎的消费做过研究，认为按照最低标准，也即租最便宜的房子、吃最简单的饭菜，再加上偶然喝些小酒和其他的零碎开销，一个人要在巴黎城区生活，每月至少得花费 125 法郎。但莫迪利亚尼是个艺术家，需要在画布、颜料、模特上投入不少钱财，而且从小受母亲宠爱，他并没有养成精打细算的生活习惯，平日里挥金如土，一点不知爱惜，结果没过多久，他就不得不从舒适的酒店搬到了著名的“洗衣坊”，在霉迹斑斑、充斥着猫尿味和霉味、夏季酷热难当、冬天寒冷刺骨的廉价公寓里，跟毕加索、马克斯·雅各布等邻居一起过起了波希米亚式生活。

“洗衣坊”的确贫穷、肮脏，不宜居住，却住了不少的天才。毕加索是这里的领袖。

作为初来乍到的新人，才华横溢、富有教养，并且长相俊美、讲得一口流利法语的莫迪利亚尼很快融入了“洗衣坊”，成了艺术家中的宠儿。大家都喜欢跟他交朋友，并且都对他印象颇好。他的朋友撒丁称他是**“年轻的神，装扮成身着节日盛装的工人”**，而作家查理·阿尔伯特·辛格里亚则称他**“是个优雅和善的人，从不阿谀奉承。他是个勇敢的人”**。

莫迪利亚尼住在蒙马特的“洗衣坊”，白天喜欢跨过塞纳河，来到位于蒙帕纳斯大道附近的科拉罗西美术学院，在画室里对着模特画速写。在这里，每到周一，就会有大量男女聚集在蒙帕纳斯大道街角的“模特市场”，等待艺术家们上前来挑选。那些被选上的人会被艺术家带到科拉罗西，脱下衣服接受一番快速检查，如果符合要求，顺利成为模特，便可以获得几法郎的收入。

此时的莫迪利亚尼身体尚佳，又年轻富有活力，虽然囊中羞涩，但这一点也不妨碍他的风流。一方面，他需要女人成为点燃他生命的火焰，而反过来，他俊美的长相、非凡的魅力也常常令他的模特们无法自持，纷纷不可抗拒地爱上了他。莫迪利亚尼就这样一边爱着，一边创作着，恣意挥霍着自己的生命、才华和感情。很快，他有了一个听上去像是恭维话的绰号——“蒙帕纳斯王子”。

不过，喜欢莫迪利亚尼的可不仅是年轻漂亮的女模特们，那些年

莫迪利亚尼《舞者》

长的女人也喜欢他。

在首乡街，有一家狭小的意大利酒馆，酒馆的女主人名叫罗莎莉·托比阿斯，原本是个模特，后来靠积攒的钱开了这家小酒馆。酒馆陈设简陋，菜肴的口味却很纯正。莫迪利亚尼常常光顾这家花几法郎就能吃上一顿地道意大利餐的物美价廉的酒馆，而酒馆的女主人罗莎莉对他也非常热情，不时对他流露出一种母性的关怀。他们两个经常用意大利语交谈，亲切得宛若家人。餐毕，当经济拮据的莫迪利亚尼拿着他的素描来支付餐费时，罗莎莉总会欣然接受，尽管之后她通常会顺手把莫迪利亚尼的素描随便一丢，任由老鼠将它们啃咬得破破烂烂。

画家和女诗人

说起莫迪利亚尼的风流韵事，最为人们所津津乐道的莫过于他跟俄罗斯女诗人阿赫玛托娃的情事。

阿赫玛托娃是一个集美貌与才华于一身的奇女子，1889 年出生于克里米亚半岛，父亲是一位海军军官。后来，她随家人迁居到圣彼得堡附近生活，上中学时就开始了诗歌创作。中学毕业后，她考上了彼得堡女子高等学校法律系，内心却仍旧热爱着文学。由于父亲厌恶文学，禁止她用自己的真实姓名发表作品，她便借用了外曾祖母的姓氏“阿赫玛托娃”当作自己的笔名。

1910 年，当莫迪利亚尼遇见阿赫玛托娃时，莫迪利亚尼 26 岁，刚刚回里窝那休养了一阵重新返回巴黎，并从蒙马特搬到了河对岸的蒙帕纳斯居住，靠着母亲定期汇给他的补贴和偶然卖画的所得勉强度日。而阿赫玛托娃 21 岁，跟俄罗斯著名诗人尼古拉 · 古米廖夫新婚不久。据说为了娶阿赫玛托娃，古米廖夫曾四次自杀，而他前期有许多诗歌也是以阿赫玛托娃为原型创作的，可见他对阿赫玛托娃爱得深切。然而，这场姻缘用阿赫玛托娃的话来说：“我们俩做未婚夫妻的时间太长了……等到 1910 年结婚时，他的激情已经消耗殆尽了……”

初见面时，莫迪利亚尼跟阿赫玛托娃就被对方身上的魅力与气质吸引了。不过，他们的友谊还没开始多久，阿赫玛托娃就离开巴黎回到了俄国，但一年之后，阿赫玛托娃的婚姻出现了问题，她再度来到巴黎，这时，两个相互倾心的年轻人坠入了爱河。阿赫玛托娃给莫迪利亚尼当模特，也跟他谈情说爱。

对莫迪利亚尼来说，跟阿赫玛托娃在一起的日子，是他人生中难得的一段快乐时光。美国作家乔弗里 · 梅耶斯在《莫迪利亚尼传》中如此写道：“他们一起参观卢浮宫，在那儿他热情地谈论埃及艺术。月光下，他带她走进拉丁区那些古老的街巷，走进真正的巴黎，身边出租马车一辆一辆经过，啪嗒作响。她忆起‘我们常坐在卢森堡公园的长凳上，躲在他的伞下，那时会下起暖暖的夏雨，在那旁边就是沉睡的旧卢森堡宫。我们一起背诵烂熟于心的魏尔伦，我们都为能记得同样的东西而感到高兴’。”

多么浪漫而温柔！可惜注定不会有结果。对于他们的未来，阿赫玛托娃在多年后如此写道：**“未来，如我们所知还未出现便早已布下阴霾……斩断我们的梦。”**

1911 年，阿赫玛托娃“丢”下莫迪利亚尼，带着莫迪利亚尼为她画的 20 幅左右的速写回到了俄罗斯，回到了丈夫古米廖夫身边。莫迪利亚尼的感情世界仿佛一下子被抽空了。唯有哀伤笼罩着他。

“毕加索的受害者”

1911 年 8 月，莫迪利亚尼的结核病突然恶化，深爱他的劳拉姨妈决定带他离开巴黎去乡间度假，可是劳拉的一片好意被不会照顾自己、似乎有意要跟自己过不去的莫迪利亚尼搞得一团糟。回到巴黎之后，莫迪利亚尼像变了个人似的，突然从“有教养的布尔乔亚变成了一个醉醺醺的疯子”。

莫迪利亚尼迷上了酒精和印度大麻，似乎离开这两样东西他就难以支撑下去。酒精和印度大麻，一定程度上确实能带给他虚幻的快感，令他暂时忘记现实生活中的种种不幸与痛苦，但正如诗人波德莱尔所描述的那样，吸食印度大麻的后果是令人产生**“一种极限之中的冷静……全身心的无力。从头弥漫到你的全身，你会感到一种难堪的昏迷与麻木……全身的每个器官都松弛而倦怠，神经衰弱；渴望落泪，无法稳定地去做任何事情”**。

莫迪利亚尼以为吸了印度大麻就可以画出更好的作品，事实上，当他产生幻觉时，他的身体根本不受意志控制，根本无法进行创作；而当大麻的作用过去后，莫迪利亚尼的幻觉也消失了，头脑中空空如也，什么也画不出来。

印度大麻对于莫迪利亚尼的创作没带来好处，过度纵酒的后果也一样有害。这两样东西不仅严重损坏了莫迪利亚尼原本就脆弱不堪的身体，还使他从一个彬彬有礼、干净体面、文雅迷人的年轻画家，变成了一个衣冠不整、满口脏话、好斗且充满暴力、令周围人都极端厌恶的人。

因为醉酒，莫迪利亚尼曾丑态百出。据说有一次醉酒之后，烂醉如泥的莫迪利亚尼被人丢进了一个路边的垃圾桶，直到有人拽他的胳膊他才从迷迷糊糊中醒来，看见几个扫大街的人正居高临下在他头顶放声讥笑他。当他被人拉出垃圾桶时，他浑身恶臭，随身携带的速写本也不翼而飞了。

发生这样的事，连莫迪利亚尼自己也觉得滑稽透顶，他曾戏谑地称自己为“垃圾桶中的神”。但这不光彩的一页并没有在轻描淡写的自嘲中轻易翻过去。没有什么可以拯救莫迪利亚尼——他渴望成功，他的朋友们的事业纷纷有了起色，可他的画作却一直无人问津，购买者寥寥无几，他本人也一直默默无闻，不被他人所知。他想要更多钱，想要过上他出生前莫迪利亚尼家族那种受人敬仰的贵族式的体面生活，可他又拒绝接受那些委屈他才华的工作，因此一直贫困潦倒，又由于他不会合理安排钱财的使用，便经常连饭钱、酒钱也付不起，受尽嘲笑和冷眼。

在以前，当口袋空空如也时，莫迪利亚尼还会像一个彬彬有礼的绅士那样，友善地请求他人收下他的画，以抵销他欠下的债款，而现在，当他想用那些没人要的素描充当酒钱却遭到拒绝时，他会粗暴地冲人大吼：“有些需求必须立刻被满足！”

醉酒后莫迪利亚尼做得最出格的事，是他会经常当众脱光衣服，然后对人说："嗨，看看我！像不像一个新生儿，或刚洗过澡的宝宝那么美？难道我看上去不像个神吗？"

莫迪利亚尼这些荒诞的行径大大影响了他的声誉，令他的朋友们对他深感痛惜。可是莫迪利亚尼却将他的不幸归结于毕加索的成功。在莫迪利亚尼眼中，毕加索的确是个天才，但他并不认可毕加索立体主义风格的绘画，认为那不过是一些小把戏，很快就会走到尽头。毕加索仅凭这些"小把戏"就取得了巨大成功，令莫迪利亚尼不服，也令他气愤，因为莫迪利亚尼固执地相信，正是因为立体主义大行其道，才让买主们无法欣赏他的作品的优秀之处。他曾对人愤愤不平地说：**"看来我也成了毕加索的受害者。"**

莫迪利亚尼的苦恼，在于明知自己成了"毕加索的受害者"，却对现实无能为力。如果他也像那些投机取巧的艺术家，当立体主义大为风行时赶紧投身到这场轰轰烈烈的运动中去，他很可能会乘着立体主义的东风风光一阵子，他的作品应该不愁卖，他的生活也会过得更好。可是莫迪利亚尼拒绝这样做。他坚持自我，而自我的方向又偏偏不确定，他时而绘画，时而又转向雕塑，他在雕塑上耗费了数年时光，却跟绘画一样没取得任何进展。他的身体太弱了，没有雕刻家要求的身体素质，又没有足够的钱，甚至不得不偷一些小石材来雕刻，这些现实困难都阻碍了他的成功。

与其说莫迪利亚尼是"毕加索的受害者"，不如说是他自己的精神压力压垮了他。21 岁，莫迪利亚尼怀着远大理想、自信满满地来到巴黎，满以为自己很快就会成为风云人物，不想转眼数年过去，自己却一事无成，卖画的所得根本养不活自己，而身体却每况愈下。理想与现实之间的巨大落差令莫迪利亚尼不堪忍受。他急切地想要成功，又总想逃避现实，于是酒精和大麻成了他的希望，也成了他的庇护所。

莫迪利亚尼雕塑《头像》

只是，酒精和大麻带来的希望是虚幻的，它们提供的庇护是有毒的。1912 年，当莫迪利亚尼在意大利认识的老朋友在巴黎见到他时，他们简直被莫迪利亚尼的相貌和突然改变的性情吓坏了。他的一个朋友曾如此描绘当时还不到 30 岁的莫迪利亚尼：“穿着毫无体统，衬衣没扣扣子，光着脖子，头发乱蓬蓬，两眼圆睁，看上去就好像迷了心窍。他的那张脸，曾经是那么美丽纯净，已成僵硬、扭曲、狰狞之相；性感的嘴扭出了尖酸讥讽的笑，语言粗俗，尽是哀伤。”

跟比阿特丽丝在一起的日子

1912 年，莫迪利亚尼孤身一人在巴黎再也无法支撑下去，病重的他被送进了医院。等他身体稍微好些时，他回到了里窝那，回到母亲那里，享受了一阵子被家人关爱的时光。

尽管多年过去，莫迪利亚尼的事业一直没什么进展，仍无法养活自己，母亲尤金尼亚却依然非常坚定地爱着他、支持着他。可是，当莫迪利亚尼的身体和精神状态稍微好一些之后，他又迫不及待想回到巴黎去。巴黎让他尝尽了一个异乡人的苦楚和贫穷的滋味，但只有在巴黎他才能创作，只有在巴黎他才能找到生命的火焰、艺术的灵感。

莫迪利亚尼向母亲发誓："你会看到的，妈妈，最后我会比其他任何人给你的都要多。"

1913 年夏日，带着新的希望，莫迪利亚尼返回了巴黎。可是在巴黎等待他的是更为悲惨的命运。

1914 年，第一次世界大战爆发，许多艺术家纷纷奔向前线，而艺术商们则纷纷逃离法国。艺术品市场崩溃了，曾经繁华热闹的蒙帕纳斯一夜之间变得冷冷清清，波希米亚式的欢乐一去不复返，留在巴黎的贫穷艺术家们因物价飞涨和物资短缺过得比战前更为悲惨、不幸。

战争爆发后，莫迪利亚尼每天都在为生计挣扎，对未来充满了悲观。当时希特勒尚未上台，一向对政治毫不关心的莫迪利亚尼却先知般向他的朋友们发表了一通关于未来世界的预言，他说："等到战争结束，人人都得进监狱……人人都会穿上囚服。"这席话用来形容数十年后犹太人的处境再恰当不过。好在莫迪利亚尼没能活到那个时候，也就不必再受那恐怖的罪。

对莫迪利亚尼来说，第一次世界大战是遥远的。他没有服兵役，没有奔赴前线，也就不会受到炮火的威胁。可是他的内心充满痛苦与焦灼，同时也深感不安，因为他内心其实渴望成为英雄，时常产生想要步行去前线的冲动，可他的身体、他的真实处境却不允许他这么做。他的理性质问他，即便他真的走到了那里又能怎样？他能做什么？能改变什么吗？——他连改变自己的生活都难！

莫迪利亚尼能做的唯一的事情就是画画。

莫迪利亚尼《保罗 · 继尧姆肖像》

第一次世界大战爆发后，莫迪利亚尼的第一个经纪人保罗 · 亚历山大离开了巴黎，好在莫迪利亚尼又遇见了第二个赞助人保罗 · 继尧姆。继尧姆是个非常精明的艺术商，也颇具眼光，当时的莫迪利亚尼默默无闻，可他愿意在这个贫穷的年轻艺术家身上赌一把。事实证明继尧姆的判断没错，当年他以非常低廉的价格从莫迪利亚尼那里买来的画，在莫迪利亚尼去世后卖了大价钱，他靠莫迪利亚尼着实发了一笔大财。

除了保罗 · 继尧姆给莫迪利亚尼的生活带来了一点微光，这一时期，还有一个人深深地影响了莫迪利亚尼，她就是英国女诗人比阿特丽丝 · 黑斯廷斯。

当比阿特丽丝来到巴黎时，她 35 岁，正为英国一份格调高雅的激进杂志《新时代》撰文。莫迪利亚尼的朋友马克斯 · 雅各布介绍她与莫迪利亚尼相识，他们最初只是普通朋友，一来二去渐渐被对方所吸引，没过多久，莫迪利亚尼就搬进了比阿特丽丝宽敞舒适的公寓里跟她一同生活。

比阿特丽丝给莫迪利亚尼的生活带来了安定和保障，他终于过得稍微像样一点了，爱情也带给了他创作的激情。跟比阿特丽丝在一起的日子，莫迪利亚尼迎来了创作高峰，不仅数量骤增，画风也渐趋成熟。其中有许多是以比阿特丽丝为模特画的肖像画。在 1914 年至 1916 年间，莫迪利亚尼为比阿特丽丝画了无数张素描和十五幅肖像，而创作于 1914 年的《蓬帕杜夫人》、创作于 1915 年的《门前的比阿特丽丝》和创作于 1916 年的《穿淡紫色方格衬衫的比阿特丽丝》是其中最为杰出的三幅作品。画中的比阿特丽丝要么高贵，要么亲切温柔，多少代表了她在莫迪利亚尼心中的形象。

对于这段感情，比阿特丽丝曾以自己和莫迪利亚尼为主人公写过一部小说，并借小说说出了自己的憧憬：**“人们可以断定他们有一天会结婚，但是没有人提起，只因为还没有到时间。他们还在玩着初恋的游戏呢！”**

从比阿特丽丝的文字来看，她跟莫迪利亚尼应该真诚地爱过彼此。但如果因此就认为他们过得温馨而甜美，那就错了。

在认识比阿特丽丝之前，莫迪利亚尼又吸毒又纵酒，跟比阿特丽丝恋爱之后也没改变多少，而且他早已不再是彬彬有礼的绅士，当他不高兴时，他会暴跳如雷；当他喝醉酒回家恰逢比阿特丽丝关着门时，他会破窗而入。而在非洲长大的比阿特丽丝也不是好惹的，尽管她的英国同事称赞她是“窈窕淑女”，但事实上，有莫迪利亚尼这个“好榜样”，她也经常喝得酩酊大醉——当这样两个人共处一室时，爆发争吵几乎是难以避免的，而且争吵有时会迅速发展成拳脚相加。邻居们经常可以听见比阿特丽丝尖声惊叫：“他要杀了我了！”可是“大战”之后，等莫迪利亚尼酒劲过去后变得清醒，或者当他的怒气平息下来意识到自己伤害了对方，又会主动唱起歌温柔求和。

比阿特丽丝真心倾慕莫迪利亚尼的才华，想要将他从纵酒中拯救出来，可事实证明，她的一切努力都是徒劳。跟莫迪利亚尼相处了两年之后，她的精力和耐心都被这个自甘堕落的年轻人消耗殆尽了。最终，比阿特丽丝选择了放弃。

在跟比阿特丽丝分手后，莫迪利亚尼重新回到了“洗衣坊”阴暗简陋的画室里，贫穷和纵酒伤害着他的身体，他又病倒了。好朋友撒丁负责照料他，使他渐渐恢复了健康。

成为“囚徒”

几经挫折与大病的莫迪利亚尼已经濒临一蹶不振的边缘。恰如艾略特的一句诗歌：“用残垣来支持断壁。”绘画成了支撑莫迪利亚尼活下去的唯一力量。

或许是预感到自己命不久矣，莫迪利亚尼出人意料地爆发出了一股惊人的创造力，用他独特的方式，在画布上不停地创作。

这时，莫迪利亚尼遇见了他生命中最后一个赞助人——利奥波德·兹博罗夫斯基。在莫迪利亚尼为数不多的赞助人中，兹博罗夫斯基是最欣赏他、最爱惜他的一个。可惜跟莫迪利亚尼一样，兹博罗夫斯不仅年纪轻轻就浑身病痛，而且兜里没有几个钱。他曾满怀痛惜地对一个朋友说：“我感到很遗憾，没有足够的钱能让莫迪利亚尼作画。他在咖啡馆的露台为顾客画速写，我却无能为力。”

兹博罗夫斯基的这份感慨是真心的。当他经济状况好一点之后，他马上为莫迪利亚尼找了一间画室，在里面布置好家具，打扫好卫生，使莫迪利亚尼有一个尚且过得去的作画环境。此外，由于莫迪利亚尼需要喝酒，而兹博罗夫斯基又没有多余的酒钱，便只好自己戒酒，将酒留给莫迪利亚尼，以保证莫迪利亚尼的创作。

兹博罗夫斯基看上去是慷慨的，但事实上却非常精明。他知道莫迪利亚尼的画在以后一定能卖个好价钱，他如今的付出相比未来的所得根本不足一提。这一点，其实莫迪利亚尼心里也非常清楚，但是他要在巴黎糊口，他要依赖酒精，就不得不待在兹博罗夫斯基提供给他的画室里当一名“苦役犯”。

从 1916 年到 1919 年间，莫迪利亚尼为兹博罗夫斯基画了大量画作。这些画作在画廊里堆积如山，日后为兹博罗夫斯基带来了巨额财富。

1917 年 12 月 3 日，在泰部街 50 号的贝特尔 · 魏尔的新画廊里，兹博罗夫斯基为莫迪利亚尼举办了莫迪利亚尼人生中第一次，也是唯一一次个人画展。为了吸人眼球，魏尔在画廊橱窗里放了一幅尺度颇大的裸体画。这一招果然吸引了大量好奇的观众，但同时也引来了警察，警察要求魏尔撤下墙上所有的裸体画，不过强势的魏尔小姐也不会乖乖听话，她虽然从墙上撤下了裸体画作品，但并未关闭展览。

尽管魏尔和兹博罗夫斯基都尽了最大努力，但这次画展却并不成功，总共才卖出了两幅画，而且每幅才卖了 30 法郎。魏尔觉得过意不去，便自掏腰包又买了 5 幅画。

商业上的失败对莫迪利亚尼来说无疑又是一次重大打击，不过不管怎样，有了兹博罗夫斯基的资助，他的生活总算稳定了一点，与此同时，他的感情也似乎比之前更顺利了些，不论他自己是否满意，至少，他的恋人们都对他死心塌地，而不会像阿赫玛托娃跟比阿特丽丝那样主动离他而去。

在莫迪利亚尼生命最后的几年时光中，有两个女孩不得不提，一个是比莫迪利亚尼小 8 岁的西蒙妮，她在加拿大长大，是个金发碧眼的漂亮姑娘，弹得一手好钢琴。遇见莫迪利亚尼之后，西蒙妮全心全意地爱着莫迪利亚尼，有一次莫迪利亚尼因为醉酒用碎玻璃划伤了她，可她仍对莫迪利亚尼死心塌地。但是，莫迪利亚尼没有想过要跟西蒙妮长相厮守，很快就把她抛弃了。

跟西蒙妮分手之后，1917 年，莫迪利亚尼遇见了他人生中最后一位缪斯——让娜·艾布特纳。让娜比莫迪利亚尼小 14 岁，父亲是一家百货公司的收银员主管，哥哥是一名学院派风景画画家。她自己是个颇有才华的小提琴手，同时也热爱绘画。然而，让娜自身的才华还来不及发挥，她就像一团燃烧的火焰，将自己全身心地奉献给了莫迪利亚尼。

跟西蒙妮一样，让娜对她的恋人非常崇拜、迷恋，她不顾家人的指责、反对，也不论莫迪利亚尼多么粗野，有时甚至粗野得可怕——据说有一次在卢森堡公园，莫迪利亚尼曾当着朋友的面一把抓住让娜的手腕把她拉到身边，然后一手抓住她的手腕，一手揪住她的辫子，像个疯子一样将她往一根铁栏杆上撞去——她都一如既往地深爱着他，纵容他的一切行为，包括纵酒、吸毒及跟别的女人相好。当莫迪利亚尼醉得一塌糊涂时，她还会将他背回家。

这个文静、内向、苍白的女孩在爱情面前如此卑微，如此忍辱负重，就为了一个结果，希望莫迪利亚尼可以娶她为妻，尤其当她怀了莫迪利亚尼的孩子之后，她更渴望得到被认可的身份。可是，莫迪利亚尼常常食言，一次又一次打破自己的承诺。一方面，他不想被循规蹈矩的家庭生活所束缚，另一方面，他对百依百顺、几乎完

莫迪利亚尼《雅克 · 利普西茨和他妻子》

全丧失了自我的让娜也颇有不满。他的这种不满也流露在他的画作中。莫迪利亚尼为让娜画了27张肖像，在他早期的作品中，让娜的肖像看上去温柔而顺从，表情满足而安详，但到了后来，让娜的形象在肖像中被大大扭曲变形，往日的魅力逐渐消失，可看出莫迪利亚尼对她的失望。

不管因为什么原因，莫迪利亚尼的一再失信有时也会激怒让娜。当这个温顺得犹如绵羊、将自己像祭品一样祭献给了莫迪利亚尼的女孩怒不可遏时，她跟莫迪利亚尼之间爆发的冲突一点也不输于莫迪利亚尼跟比阿特丽丝之间的大战。

莫迪利亚尼一首写于1918年至1919年间的诗歌记录了他们之间的冲突：

一只猫挠了他的头
像一个诗人
寻找一个韵脚
我的妻子
为了一位牧师
把一面镜子摔碎在我头上。

1918年11月，长达四年的第一次世界大战总算结束了。就在战争结束两星期后，莫迪利亚尼和让娜的女儿出生了。可是，这个新生命的到来并没有带给莫迪利亚尼多少惊喜。莫迪利亚尼连自己都无法照顾，再加上经济拮据，根本不知道拿新生的小婴儿怎么办。他觉得自己成了黑奴，受到了兹博罗夫斯基和让娜的双重压迫。而让娜，她虽然对莫迪利亚尼很好，却是个缺乏才干的女人和母亲。一个曾为兹博罗夫斯基工作过的女孩对让娜的印象是：**“她什么事情都做不来——没有能力，跌跌撞撞，神经兮兮的——什么事也不做……”**

既然让娜跟莫迪利亚尼都没有能力照顾新生的婴儿，两人便只好将她送给别人抚养。

孩子的“麻烦”解决了，莫迪利亚尼总算又投入了新的创作。可是，没过多久让娜又怀孕了，莫迪利亚尼因为压力而变得心烦意乱，他给一个朋友写信说：**“……我就要有两个孩子了。真难以置信，真令人讨厌！”**

莫迪利亚尼感到自己深陷囚笼，唯有爱情和画画能让他暂时忘记现实的烦恼。就在他还像以往一样不断寻找新的爱人，一边过着混乱的生活，一边埋头创作时，战后复兴的艺术市场已经悄然改变风向。莫迪利亚尼开始受邀参加一些画展，一些媒体也开始报道他，他的一幅画能卖到 150 法郎，一切都在朝着好的方向发展。

如果莫迪利亚尼可以活得更久一些，哪怕再多活 10 年甚至 5 年，他就能见到自己的成功。可是，多年沉迷于酒精和大麻制剂的恶习，从小伴随他并且无法治愈的顽疾，自己放纵的生活态度，都加剧了他的毁灭。1919 年，年仅 35 岁的莫迪利亚尼已经掉光了牙齿，脸上皱纹很深，面色苍白，看上去虚弱而苍老。他的结核病再度恶化，肺部难受得让他感到像是要炸开一样，同时他的精神也出了问题，开始产生幻觉。

1920 年 1 月 24 日，一生郁郁不得志的莫迪利亚尼在说出最后一句话“意大利，亲爱的，亲爱的意大利”后永远离开了人世。他去世后第三天凌晨，痴情的让娜带着腹中的孩子后退着跳下了她五楼

莫迪利亚尼《珍妮·赫布特尼》

房间的窗子。唯留下莫迪利亚尼画中的那些蓝眼睛，忧伤而迷惘地看着世人。

莫迪利亚尼去世后，他的画价一路猛涨，在短短 10 年内飙升到了 50 万法郎一幅的天文数字。他生前默默无闻，死后却声名鹊起，被誉为 20 世纪最重要、最具天才的画家之一。

图书在版编目（CIP）数据

你不可不知的西方画家及其作品．印象派的光与影 / 王月亮著．—北京：中国法制出版社，2019.10

ISBN 978-7-5216-0578-5

Ⅰ．①你… Ⅱ．①王… Ⅲ．①画家—生平事迹—世界—近代 ②油画—作品集—世界—近代 Ⅳ．① K815.72 ② J233

中国版本图书馆 CIP 数据核字（2019）第 220518 号

策划编辑：李 佳（amberlee2014@126.com）

责任编辑：李 佳 刘 阳　　封面设计：汪要军

你不可不知的西方画家及其作品．印象派的光与影

NI BUKE BU ZHI DE XIFANG HUAJIA JI QI ZUOPIN. YINXIANGPAI DE GUANG YU YING

著者 / 王月亮

经销 / 新华书店

印刷 / 廊坊一二〇六印刷厂

开本 / 710 毫米 ×1000 毫米 16 开　　印张 / 12.75 字数 / 141 千

版次 / 2019 年 10 月第 1 版　　2019 年 10 月第 1 次印刷

中国法制出版社出版

书号 ISBN 978-7-5216-0578-5　　定价：48.00 元

北京西单横二条 2 号 邮政编码 100031　　传真：010-66031119

网址：http://www.zgfzs.com　　**编辑部电话：010-66054911**

市场营销部电话：010-66033393　　**邮购部电话：010-66033288**

（如有印装质量问题，请与本社印务部联系调换。电话：010-66032926）